손금으로 보는
자기계발
書

손금으로 보는
자기계발書

이상봉 지음 · 이민열 감수

祥元文化社

...필자는 왜 손금을 배웠는가?

2007년 여름인지 가을인지 기억이 가물가물합니다.

울산중공업에 다니고 있던 당시 필자의 나이가 서른 살 때였습니다. 어린 아들을 키우며 한창 열심히 살고자 하는 열망이 강렬할 때 한 방송 프로그램에서 손금에 대한 이야기를 하고 있었습니다. 방송에서는 '태양선이 없으면 삶이 어렵다' '생명선이 짧으면 빨리 죽든지 병약하다'는 등의 좋지 않은 말들만 나오고 있었는데 순간 보니 딱 필자의 손금이었습니다. 갑자기 화가 치밀었습니다. 너무나도 성공을 하고 싶어 '성공'이란 문신까지 새겼었는데 성공을 못한다니, 그 방송 프로그램에 분노까지 느끼게 되었습니다.

그까짓 손금으로 한 사람의 삶을 단정짓는다는 사실을 용납할 수 없었습니다. 그래서 곧바로 휴대폰으로 필자의 손금을 찍고 필자 인생의 궤적을 언젠가 반드시 증명해 보이겠다고 다짐했습니다.

그렇게 시작한 것이 어언 13년째로 접어듭니다. 13년 동안 손금을 찍어오면서 변해 가는 필자의 손금이 신기하기도 하고 또한 궁금하여 본격적으로 파고들기 시작했습니다.

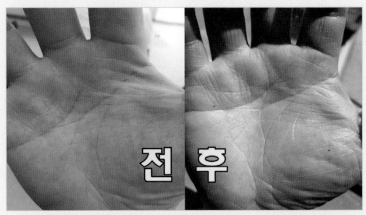

2007년 여름 필자의 손금   2020년 10월 필자의 손금

필자가 13년 동안 느끼고 깨닫고 터득한 정보들을 독자분들과 함께 공유하고, 손에 나타나는 미세한 선 하나까지도 자신의 사고력에서 나온다는 사실들을 알려드리고자 합니다.

시대는 빠르게 변해 가는데, 왜 자기계발 영역은 수세기 동안 변하지 않고 고전방식을 고집하며 무작정 따라가는 것인지 이해할 수가 없습니다. 모든 사람은 제각기 살아가는 방식이 다 다른데 말입니다.

사람들은 성공하고 부자가 되고픈 갈망으로 가득 차 있지만 스스로 어떻게 헤쳐나가야 할지 방향을 잡지 못하는 경우가 많습니다. 따라서 조금이나마 도움을 드리기 위해 필자의 손금 변화 과정과 그를 통해 깨달은 모든 것들을 독자분들께 보여드리고자 합니다.

누구든지 스스로 내면을 파악하고 자신을 계발하여 미래의 성공으로 가는 길을 힘차게 달려갈 수 있기를 바랍니다.

2022년 3월

이 상 봉 배상

目次...차례

...... 책을 펴네며 _____ 004

제1장 수상학(手相學)에 대하여 _____ 013
　　1 수상학에 대하여 _____ 015
　　2 수상을 보는 순서 _____ 017
　　3 손을 보여주는 모습 _____ 020

제2장 손의 느낌과 모양 _____ 023
　　1 손의 느낌 _____ 025
　　2 손바닥과 손가락의 면적과 길이 _____ 027
　　3 손바닥과 손가락 길이 재는 방법 _____ 029
　　4 손의 4가지 분류 _____ 033
　　5 손의 모양 _____ 036

차례 ...目次

제**3**장 손가락과 근원 _____ 053

　① 손가락 마디의 근원 _____ 055

　② 엄지 손가락 _____ 057

　③ 손가락의 꺾임 _____ 067

　④ 손가락의 간격 _____ 069

　⑤ 검지와 약지 _____ 076

제**4**장 손의 언덕 _____ 079

　① 나는 토성인이다 _____ 081

　② 8개의 언덕 _____ 084

　③ 언덕 보는 법 _____ 087

目次...차례

제5장 손금의 가로 3대선 —————————————————— 093

1 가로 3대선의 기본 성향 —————————————— 095

2 생명선 ————————————————————————— 098

3 두뇌선 ————————————————————————— 107

4 이중 두뇌선 ——————————————————————— 126

5 HSP 두뇌선 —————————————————————— 133

6 결핍 두뇌선 ——————————————————————— 137

7 감정선 ————————————————————————— 142

8 이중 감정선 ——————————————————————— 153

9 오지랖 감정선 ————————————————————— 157

제6장 손금의 세로 3대선 —————————————————— 163

1 세로 3대선의 기본 성향 —————————————— 165

2 현실선 ————————————————————————— 167

3 인내선 ————————————————————————— 180

4 노력선 ————————————————————————— 192

5 손톱 —————————————————————————— 204

차례 ...目次

제7장 기타 선·문양·유년법 ——————————— 207

1 금성대 ————————————————————— 209

2 열정선 ————————————————————— 217

3 여행선 ————————————————————— 223

4 애정선 ————————————————————— 225

5 유년법 ————————————————————— 228

제8장 부록 ————————————————————— 235

1 직선형 두뇌선과 맞지 않는 손 ————————— 237

2 하향하는 두뇌선과 맞지 않는 손 ——————— 240

3 사상체질과 손 모양 ————————————— 243

4 좌뇌와 우뇌 ————————————————— 252

5 손금과 건강 ————————————————— 255

目次...차례

제9장 사례 ———————————————— 263

① M자 손금 ———————————————— 264

② HSP 두뇌선을 가진 사람 ———————— 266

③ 삼지창 손금 ———————————————— 268

④ 7세 여아의 결핍 손금 ———————————— 270

⑤ 100억 자산 사장님 1 ————————————— 272

⑥ 100억 자산 사장님 2 ————————————— 274

⑦ 100억 자산 사장님 3 ————————————— 276

⑧ 불행한 노년 1 ———————————————— 278

⑨ 불행한 노년 2 ———————————————— 280

◉ 필자의 손 ————————————————— 284

‥‥‥‥ 책을 마치며 ————————————— 290

제 1 장

수상학 手相學

수상에 대하여

수상은 한 사람의 마음을 읽고 마음의 치유와 자기계발을 위한 것이다

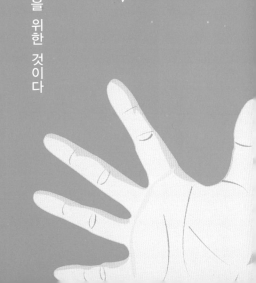

손금으로 보는 자기계발서

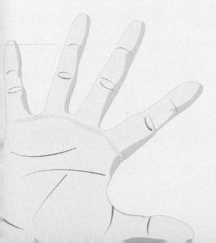

수상학에 대하여

수상학은 한 사람의 성격, 특징, 재능, 장점과 단점, 건강, 진로 선택 등 자신의 내면을 들여다보는 최고의 수단입니다.

자기계발에 힘쓰는 분들과 인간관계 개선을 꾀하는 분들에게 나아가야 할 방향을 제시함으로써, 수상학은 현대인에게 필요한 최고의 자기계발서가 아닐까 합니다.

유럽에서는 수상학이 자신을 통찰하는 것은 물론이고 내면과 심리적 불안 등 한 사람에 대한 치유의 목적으로 활용되고 있습니다. 하지만 아시아권 중에서도 특히 대한민국에서는 수상을 본다는 것은 마치 점을 치고 미래를 예언하는 것으로 여겨지고 있습니다.

이에 안타까움을 금치 못하여 진정한 수상을 보는 방법과 목적 그리고 그 이유에 대하여 독자분들께 알려드리고자 본 책을 쓰게 되었습니다.

수상학은 약 4,500년 전 인도에서 창시되었다고 하는데, 아르헨티나와 스페인 등 기원전 8~9000년 전의 벽화에서 발견되기도 한 것으로 보아 인도가 그 시작은 아니라고 보여집니다.

한국에 수상학이 들어온 지 약 80년 정도 된다고 하는데 아직 많은 사람들에게 생소하게 인식되기도 하고, 점으로 인식하는 등 올바르지 못한 방식으로 접근하게 되는 듯합니다.

독자 여러분들께서는 본 책을 보고 올바른 수상학의 세계로 진입하는 계기가 되길 진심으로 바랍니다. 90년대와 같이 열심히 일만 하는 무모함에서 벗어나 하루가 다르게 변해 가는 미래에 보조를 맞추며 자기 통찰과 노력으로 성공하는 여러분이 되시길 바랍니다.

본 책의 내용 중에는 여러 책에 나온 정보들을 참조한 것들도 많은지라 혹여 누군가의 특정된 이론이나 논문일 수도 있습니다. 만약 그러한 것이 입증된다면 별도의 연락을 주시기 바랍니다.

수상을 보는 순서

① 손의 질감

손으로 사람의 심성을 파악할 수 있습니다.

② 손의 모양

손의 모양은 육체적·정신적·물질적으로 타고난 기질을 나타내줍니다.

③ 엄지손가락

엄지손가락만 보고도 그 사람이 올바른 사고력을 지녔는지 아닌지, 대인관계는 어떠한지, 심지어 그 사람의 지능까지도 알 수 있습니다.

수상학에서 정말 중요한 것이 엄지손가락입니다.

④ 4개의 손가락

검지·중지·약지·소지 등 4개 손가락의 길이, 크기, 꺾임, 사이, 간격 등을 보고 그 사람의 개성, 재능, 지향하는 삶을 알 수 있습니다.

⑤ 손의 언덕

8개의 언덕 중 어느 부분이 잘 발달되었는지에 따라 그 사람이 추구하는 정신세계를 볼 수 있습니다.

⑥ 손바닥의 근원

손바닥의 근원은 그것의 평균 높낮이에 따라 손가락이 가진 성향을 약화시키기도 하고 강화시키기도 합니다.

⑦ 가로 3대선

생명선·두뇌선·감정선의 가로 3대선의 생김새에 따라 성격, 성향, 어떠한 사고력으로 인생을 살아가는지, 외향적인지 내향적인지를 알 수 있습니다.

⑧ 세로 3대선

현실선·인내선·노력선 등 세로 3대선은 자신이 살아가고자 하는 지향성 및 갈망의 크기를 나타냅니다.

⑨ 기타 선

마지막으로 보는 것은 부수적인 선들로, 부드럽고 매력적인 사람인지, 감정과 감수성이 풍부한지, 모험심이 강한지 등을 볼 수 있습니다.

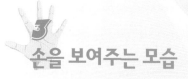

손을 보여주는 모습

손금을 읽기 전에 가장 먼저 살펴보아야 할 것은 손을 어떻게 내미는지를 보는 것입니다.

① 손을 쫙 벌리고 내미는 사람

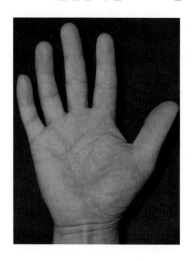

왼쪽 사진과 같이 손을 쫙 벌리고 내미는 사람은 개방적이고 수용성이 강하며, 명랑하고 털털한 성격의 소유자입니다.

또한 엄지손가락이 벌어질수록 창의적이고 독립적이며 결단력이 매우 높습니다.

② 손을 딱 붙이고 내미는 사람

받아들이는 성향이 제한적입니다. 차근차근 부수적인 손 모양과 손금을 보면서 알아가겠지만, 어떠한 사람은 대면하는데 있어 말 한마디까지도 조심스럽게 돌려 말을 해야 할 정도로 방어적인 자세를 취하고 있습니다.

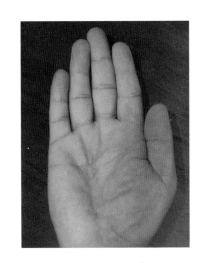

③ 엄지손가락을 안으로 내미는 사람

마음의 우울함, 심신 약화, 건강문제, 염세적인 모습으로 현재 심적으로 불안한 상태에 있다고 볼 수 있습니다. 수상학은 마음의 치유인 만큼 유심히 관찰하여 잘 조언해 주어야 합니다.

대개 우울증이 많은 경우입니다.

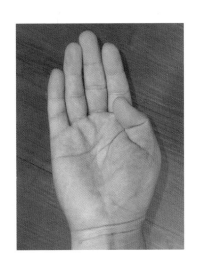

④ 손을 웅크리고 내미는 사람

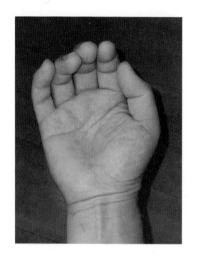

앞의 ③번과 비슷하지만 우울함이나 건강보다는 내면의 자아가 약한 모습입니다. 매우 소극적이며 소통하는 동안에도 듣고는 있지만 자신이 없는 답변들만 늘어놓습니다.

자존감은 약하지만 자존심은 강할 수 있습니다. 이런 경우는 얼어붙은 마음을 녹여줄 수 있는 따뜻한 조언이 필요합니다.

제 **2** 장

손이 느낌과 모양

수상학의 시작은 손의 느낌부터 파악하는 것이다

손금으로 보는 자기계발서

손의 느낌

① 힘이 없어 보이고 늘어진 손

똑똑하고 재능은 있지만 스스로의 인생을 개척하는데 어려워합니다. 자기계발을 하는 것보다는 되는 대로 인생을 맡기고 사는 몽상가 타입으로, 스스로 자신의 인생을 비관하고 뜻대로 되지 않는 사람이라며 자신이 불행하다고 생각합니다. 손의 질감이 푸석푸석한 느낌까지 있다면 이러한 기질을 더욱 더 강화시킵니다.

② 부드럽고 매끄러운 손

감정적이고 환경의 수용성이 강하며 쉽고 편안한 삶을 많이 추구합니다. 의욕과 목적의식이 없다면 ① 힘이 없어 보이고 늘어진 손과 별다를 바가 없습니다.

③ 탱탱하고 탄력 있어 보이는 손

자기 주관이 뚜렷하고 일관성이 있는 손입니다. 목적의식이 명확하고 활동성이 강하며 새로운 것을 받아들이는 적응력도 좋습니다. 손이 거친 느낌을 준다면 현실주의적이며 이성이 발달하여 물질적인 면을 추구할 수도 있습니다.

④ 딱딱하고 거친 손

환경에 잘 동요되지 않으며 자신의 주관이 뚜렷한 반면 새로운 것을 받아들이는 능력이 떨어집니다. 손이 딱딱하면 딱딱할수록 매우 이성적이고 거친 성격을 지니고 있습니다. 지극히 현실적이고 물질적이며, 생각이 짧아 막무가내 성향이 강하게 나타나기도 합니다.

손바닥과 손가락의 면적과 길이 **2**

손바닥과 손가락의 길이로 어떠한 사람인가를 보는 방법입니다.

손의 비율로 현실적인지, 행동적인지, 조화로운 생각을 하는지, 어떠한 성격의 사람인지 등을 볼 수 있습니다.

크기의 비율은 1 : 1 : 1이 가장 이상적이라고 할 수 있습니다. 즉,
손가락 길이 : 손바닥 길이 : 손의 넓이가 **동률**인 손이 가장 좋습니다.

이럴 때 생각과 행동이 일치하고 일관성이 있습니다.

만약 손바닥이 크고 손가락이 짧다면 생각보다 행동이 앞서고, 손가락이 길고 손바닥이 작으면 행동보다는 생각이 깊어 언행이 불일치하는 모습을 나타내게 됩니다.

손바닥의 면적이 넓으면 넓을수록 대범하고 과감하며 여유가 있는 반면, 좁으면 소극적이고 신경질적인 기질이 강합니다.

보통의 여성들에 있어 손가락이 길게는 1cm까지도 긴 경우가 있는데 첨두형의 손이 그러한 모습을 하고 있습니다.

첨두형은 선동하지 않고, 행동보다는 생각을 먼저 하는 특징을 가지고 있습니다

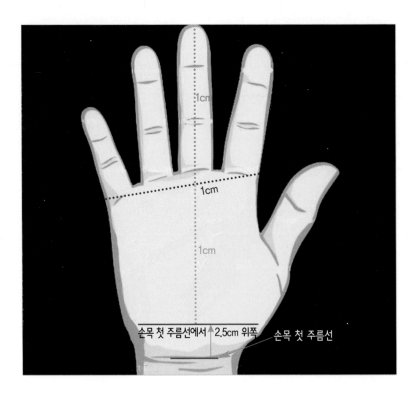

손바닥과 손가락 길이 재는 방법

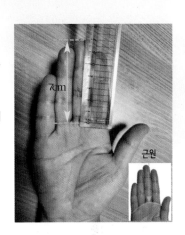

1. 중지의 근원(기저선)에서 손가락 끝까지의 길이를 잽니다(사진의 길이 7cm)

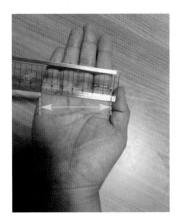

2. 근원 부분에서 검지의 끝과 소지의 끝 부분을 확인합니다

   이곳이 7cm보다 짧다면 조심성은 있지만 다소 신경질적일 수 있고, 7cm보다 길다면 대범하고 여유롭습니다. 보통 남성들이 그러한데, 이러한 유형은 사고를 치고도 느긋한 성격을 보입니다.

③ 손목의 첫 주름선에서 2.5cm를 손바닥 쪽으로 올려 표시합니다

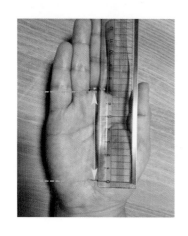

④ 2.5cm 표시한 부분부터 중지의 근원까지를 잽니다

손바닥보다 손가락이 길면 사고력이 발달하여 생각이 깊고, 손가락보다 손바닥이 길면 행동력과 실천력이 강합니다.

손가락이 짧고 가로폭이 길며 손바닥의 길이가 길면 단순한 사고를 지니게 되며 복잡한 것을 싫어하는 사람입니다.

손가락이 길고 가로폭이 좁으면서 손바닥 길이가 길면 실천성은 있지만 주도적인 사고가 부족할 수 있으므로, 손가락의 간격을 같이 보아 검지와 소지가 발달해 있다면 매우 현명한 사람이 될 것입니다.

손가락이 길고 가로폭과 손바닥의 길이가 짧으면 생각은 많으나 실천을 하지 않으며 결정장애가 있어 생각으로만 그치는 경우가 많습니다. 추론적 사고가 깊으니 틀을 깨고 자신감을 가져 보는 것이 좋습니다.

손바닥 폭이 좁을 때는...
활동성이 약하고
육체노동보다 정신적인 활동을
선호하는 타입이다

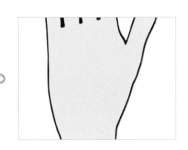

손바닥이 넓으면...
현실적이고
정신적인 활동보다
육체적인 노동을 선호한다

손가락의 길이가 짧으면...
생각보다는 행동을 우선시하는
사람으로 짧으면 짧을수록
성급한 성격으로 나타날 수 있다.
단순한 사고력을 지닌 사람이 많다

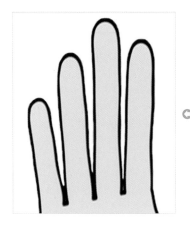

손가락의 길이가 길면...
실천하기 전에 생각을 하기 때문에
꼼꼼하고 조심스런 사람이지만
너무 길면 사람을 이끄는 능력이 떨어진다.
똑똑하고 현명한 사람이 많다

손의 4가지 분류

손에는 기본적으로 7가지 유형이 있지만 우선 **땅의 손, 공기의 손,
불의 손, 물의 손** 등 4가지의 손 모양으로 구분합니다. 이는 수형학
의 가장 기본이 되는 것이기도 하며, 한 눈에 정확한 성격을 파악
할 수 있는 것이기도 합니다.

① 땅의 손

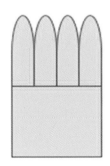

손바닥과 손가락의 길이가 비슷하며 정사각
형 모양을 하고 있습니다. 현실적이고 정직하
며 신뢰할 수 있는 안정적인 사람입니다. 또한
보수적이고 부지런하며 본능적이고 성실한 사
람입니다. 소유욕이 강하여 관리직의 리더들에
게서 많이 볼 수 있습니다.

② 공기의 손

손바닥은 정사각형이고 손가락은 길게 발달되어 있습니다.

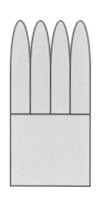

Z세대(1997년~2010년생) 이후의 사람들에게서 많이 볼 수 있는 손입니다. 젊은 세대들은 손가락이 주로 길게 발달하는 것 같습니다.

공기의 손은 실용성을 많이 따지기 때문에 득과 실의 이성적 사고가 강합니다. 규칙적이며 인내심과 차분한 지적능력의 소유자로 세심하고 꼼꼼한 성격을 지니고 있습니다. 보편적으로 똑똑한 사람이 많습니다.

③ 불의 손

손바닥은 직사각형이고 손가락은 짧습니다.

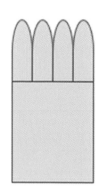

외향적인 성격을 지녔으며 사고가 주관적이고 재능은 많지만 열정과 패기, 활동성이 강하기 때문에 때로는 화를 불러오는 경우가 많습니다.

이성보다는 감정이 앞서며, 마음은 따뜻하지만 참을성이 약하고, 직감적으로 행동함으로써 대인관계에 어려움을 겪을 수 있습니다.

재능이 많아서 하고 싶은 일에 열정을 보이지만 오래가지 못하는 경향이 많습니다. 손의 질감이 탄력적이고 부드러운 사람은 타고난 지도자일 수도 있습니다.

④ 물의 손

손가락과 손바닥이 모두 긴 직사각형 모습을 하고 있습니다.

내성적인 성격이며 동정심이 많고, 민감하며 예민한 성격을 지녔습니다. 환경에의 수용성이 강하고 투쟁심이 약해 의존성을 많이 나타내게 됩니다. 상상력과 창의성이 뛰어나며 감수성이 풍부하여 예술적인 기질을 보이는 사람이 많습니다.

직감력이 우수하여 사람이든 사물이든 환경파악을 잘하고 낌새를 쉽게 알아차릴 수 있습니다.

손의 모양

손의 모양은 기본적으로 **방형, 원추형, 사색형, 주걱형, 원시형, 첨두형**의 6가지가 있습니다. 이들의 손은 각각 다른 성향을 지니고 있습니다.

방 형	현실적	주걱형	창의적
원추형	미래지향적	원시형	물질적
사색형	학구적	첨두형	공상적

이 외에 **혼합형**의 손도 있습니다.

예를 들면 방형의 손에 주걱형의 손이 같이 나타난다면 현실적이고 창의적인 사람임을 나타내게 됩니다.

손의 느낌과 모양만 보고도 그 사람의 성향, 성격, 기질을 정확하게 판단할 수 있습니다. 거기에다 얼굴 관상까지 가미한다면 그 사람의 품격과 인격까지도 알아볼 수 있습니다.

기질	선천적으로 가지고 태어난 변하지 않는 성격으로 손 모양과 손가락을 보고 알 수 있습니다
성격	살면서 환경의 영향으로 변해 가는 성격을 말하며 손금을 보면 삶의 변화과정과 사고력, 판단력 등을 알 수 있습니다
인격	기질과 성격이 합쳐진 것으로 사람의 자아를 형성하며, 얼굴의 관상으로 도덕적이고 윤리적인 사람인지를 판단할 수 있습니다

손의 느낌과 모양으로 그 사람의 특성을 70% 이상 파악할 수 있는데, 손금으로는 현재 시점의 사고력을 나타내지만 손의 형태는 절대 변하지 않는 그 사람의 성향이기 때문입니다.

1 방형 (물질형)

　방형의 손은 사각형을 그리듯 반듯한 모습을 하고, 손끝은 뭉툭해 보입니다. 손가락은 시작과 끝이 일자로 길쭉한 직사각형의 모습을 하고 있습니다.

방형의 성향　현실적, 실행력, 육체 건강, 의지력, 인내력

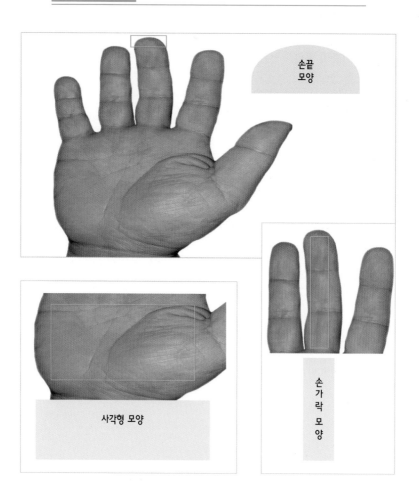

손끝
모양

사각형 모양

손
가
락
모
양

◐ 손 모양 중에 최고의 손으로 선천적인 건강을 타고났으며, 현실적이고 행동력이 강한 사람입니다.

◐ **이성적이고 합리적인 사고력**을 지녔으며, 체계적이고 규칙을 잘 따르는 성격으로, 사고력과 창의성 상상력은 약하지만 주어진 임무에 충실함을 보입니다.

◐ **근면 성실한 사람**으로 의지력과 책임감이 탁월하지만, 틀에 갇혀 있는 답답한 사람으로 보일 수도 있습니다.

◐ **방형의 손**은 거칠면 거칠수록 신체가 건강하고 현실적이며 물질적인 성향이 강하기 때문에 돈을 많이 벌 수 있는 생각보다는 직접 행동으로 뛰는 직업을 많이 찾습니다. 그런 연유로 노년으로 갈수록 현장에서 일을 하는 사람에게서 많이 볼 수 있습니다.

◐ **방형의 손**은 부드러우면 부드러울수록 고급스런 손으로, 물질 추구를 자제해야 합니다.

② 원추형(정신형)

원추형의 손 모양은 넓지도 좁지도 않은 직사각형 모양이고, 손가락과 손바닥의 크기가 비슷하며, 굵지도 얇지도 않은 모양을 하고 있습니다.

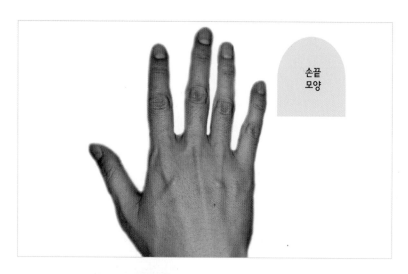

손끝
모양

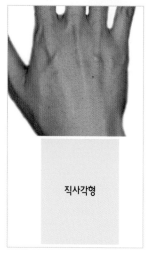

직사각형

손
가
락
모
양

◐ **원추형의 손에 살이 붙어 있는 경우**는 손가락 끝으로 갈수록 뾰
족한 모습이며 행동력이 강한 원시형과 가깝습니다.

◐ **손가락이 통통할 경우**에는 엄지손가락을 꼭 유념해서 보아야
합니다. 엄지가 **짧으면** 생각도 짧으며 난폭한 성향을 보이게
됩니다.

◐ **원추형**은 생각이 많고 육체노동을 좋아하지 않습니다.
예술가형이라고 하는데 창의성·상상력 등 삶에의 융통성이
상당히 발달되어 있는 손으로, 기발한 아이디어나 자신만의
독특한 사업구상 등에 대한 능력이 뛰어납니다.

◐ **정신력, 육체노동 및 참을성이 약해** 자포자기하는 경우가 많고,
나태해지기 시작하면 놀고 먹기 좋아하는 향략으로 빠질 수
있습니다.

◐ **참을성과 인내심**을 기르기 위해 노력한다면 성공이란 그리 어려운 일
이 아닐 것입니다.

③ 사색형(정신형)

　손바닥은 정방형과 직사각형이 있으며, 손가락은 뼈마디가 발달하여 울퉁불퉁한 느낌을 줍니다. 손의 전체적인 모습이 앙상한 나뭇가지 느낌을 주며 손가락 사이마다 구멍이 난 듯 벌어지는 경우가 많습니다.

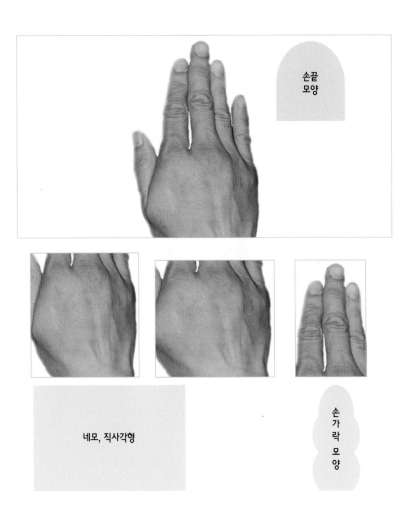

손끝
모양

네모, 직사각형

손
가
락
모
양

● **사색형**은 차분하고 조용하며 내성적인 성향으로 혼자 있기를 좋아하는 학구파입니다. 배우는 것에 흥미를 느끼고 즐기며 감수성과 동정심이 많아 베풀기를 좋아합니다. 물질에는 그다지 욕심이 없고 말수도 적어 다소 우울해 보이거나 의욕이 없는 사람으로 보이기도 합니다

● **민감한 성격**에 다소 신경질적인 모습도 갖고 있어 상대방의 기분을 상하게 하는 말도 곧잘 합니다.

● **선천적으로 배움을 미덕으로 삼는 사람**이라 상대방이 배움이 짧다 싶으면 무시하는 경향이 있으니 매사 주의하여야 합니다.

● **동정심**이 많아 힘들고 불쌍해 보이면 도와주려는 경향이 강하지만, 도와줘도 기분좋게 도와주는 경우는 거의 없고 툭 던져주고 가는 것 같은 느낌을 많이 받습니다.

● **따뜻하고 고운말**을 쓰도록 노력해야 합니다.

④ 주걱형(물질형)

　주걱형의 손은 여러 가지의 손 모양으로 나타나는데, 손가락의 끝마디가 가장 중요합니다. 끝 모양이 직각 형태나 둥근 모양 등 다양하게 나타납니다.

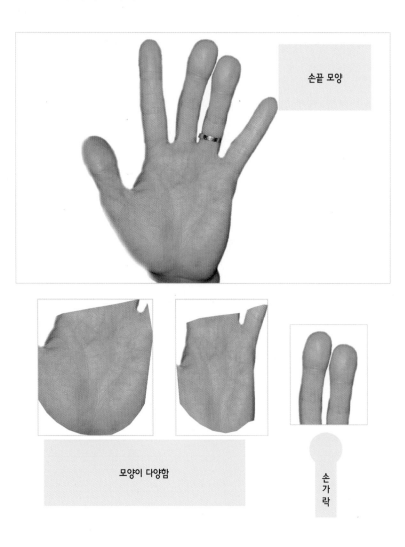

손끝 모양

모양이 다양함

손
가
락

◑ **주격형의 손가락은** 재능이 크게 발달한 사람으로 활동성이 강하고 선천적으로 건강이 타고난 사람이 많습니다.

◑ **사물 인지 능력이** 빠르며 보통사람들보다 일처리도 빠르고 혼자 하는 것을 좋아합니다. 협심, 화합에 동조가 잘 되지 않고 럭비공과 같이 톡톡 튀는 개성을 지니고 있습니다.

◑ 만약 **엄지가 주격형이라면** 고집불통에 집요한 성격입니다.
◑ 물건을 다루는 일에 그 누구보다도 빨리 습득합니다.

◑ **틀에 박혀 활동하는 것을 좋아하지 않아** 회사생활을 어려워하며, 주격형의 특성인 돈 버는 수완이 좋으니 **자기만의 직업을 잘 찾아서 실행하면 행복한 미래가 열릴 것입니다.**

⑤ 원시형(물질형)

 손의 형태가 원추형의 손과 비슷하게 생겼으며 손가락은 짧고 손바닥이 크며, 엄지손가락이 짧고 딱딱하고 거칠며 색도 붉은 기운을 많이 띠고 있습니다.

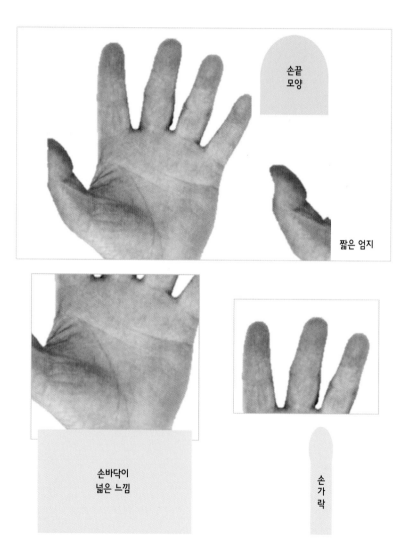

손끝
모양

짧은 엄지

손바닥이
넓은 느낌

손
가
락

● 손 중에서 가장 저급한 손으로 볼 수 있으며 보기가 드문 손입니다. 선천적으로 건강하고 힘이 상당히 세며 제멋대로 행동하며 주도적입니다.

● 화를 많이 내고 상황에 따라 막말도 서슴없이 하는 타입입니다. 선천적으로 건강을 타고나서 그런지 술을 상당히 많이 마시며 체력이 강인한 사람을 본 적이 있습니다.

● 물질욕이 상당히 강하고 도박, 횡재, 한탕주의 성향도 강하여 카드놀이나 음주문화에 빠지곤 합니다.

● **원시형 손의 특징**은 특히 엄지손가락이 볼품없어 보이고 짧으며 다른 손가락들 또한 상당히 짧습니다.

⑥ 첨두형(정신형)

손바닥은 직사각형의 모양이며 성향에 따라 가로폭이 더 좁을
수도 있습니다. 손가락이 길고 끝이 뾰족해 보이며 엄지손가락은
굵지 않고 길게 발달해 있습니다.

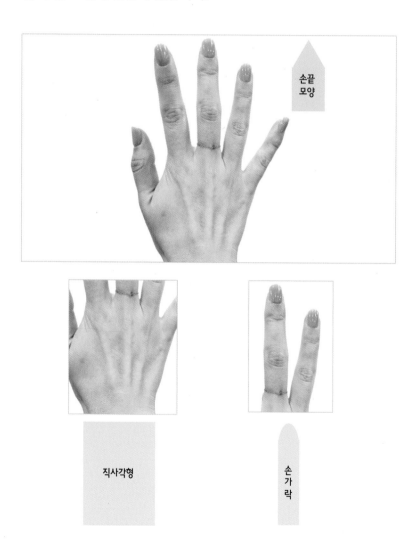

○ **첨두형의 손은 전형적인 여성의 손**으로 예쁜 손이라고 하면 이해가 쉽게 갈 것입니다.

○ **첨두형의 손은 편차가 크게 나타나는데** 내향적·외향적인 성격이 모두 나타나며 사람을 좋아하고 직감력이 뛰어납니다.

○ **이성을 만날 때** 직감적으로 좋은 사람인지 나쁜 사람인지 구별할 정도로 사람의 마음을 읽는 능력이 탁월합니다.

○ **머리가 좋고** 보조역할을 하거나 참모 스타일이며, 리더로서는 적합하지 않은 손입니다.

○ **전형적인 공상가 타입**으로 꿈과 환상에 젖어 살기에 현실을 직시하지 못할 경우에는 좋지 않은 배우자를 만나거나 열악한 환경을 스스로가 만들어 갈 공산이 매우 큽니다.

○ **정신력이 약하여** 낙담과 좌절에서 벗어나기 힘들며 삶의 무게를 혼자 다 짊어지고 산다는 느낌을 받기 쉽습니다.

○ **모든 손 중에서 세로 3대선**(현실선·인내선·노력선)이 가장 잘 발달되어 있으며 미래에 대한 갈망이 가장 큽니다.

○ **현실을 똑바로 보지 못하면** 인생에 낙담만 하고 살 수 있습니다.

 손바닥은 역삼각형이며, 손가락은 검지와 중지는 방형이고, 약지와 소지는 첨두형에, 엄지는 다소 짧아 보이는 혼합형으로 다중적인 성향을 갖게 됩니다.

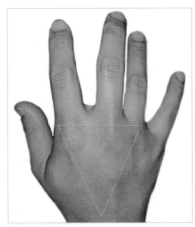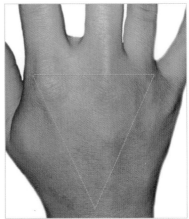

아래가 좁고 위로 갈수록 넓어짐

● **역삼각형 손바닥**....아래는 좁아서 차분하고, 위는 넓어서 침착하며 인내력이 있습니다.

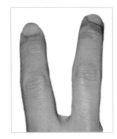

방형의 손가락

● **방형의 검지와 중지**
책임감이 강하고 진취적이며, 굵게 발달하여 향상심과 지배욕도 강합니다.

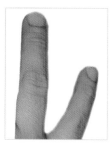

첨두형 손가락

○ **첨두형의 약지와 소지**

사교적이며 말재주가 좋습니다.

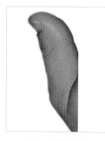

다소 짧은 엄지

○ **다소 짧은 엄지**

통통하고 살집이 있어 의지력과 사고가 뚜렷합니다. 하지만 엄지가 다소 짧으면 무모한 행동을 할 수도 있습니다.

○ **차분하면서도 화를 잘 내는데 엄지가 짧으니** 반응하는 속성상 속과 겉이 다른 행동을 하기 쉽기 때문에 도무지 속을 알 수가 없습니다.

○ 하나하나 보면 정말 좋은 손이 될 수도 있지만 스스로를 컨트롤하지 못한다면 **럭비공**과 같이 걷잡을 수 없는 **천방지축**의 꼴로 자신의 주관만 내세우게 됩니다.

○ **혼합형의 손을 가지고 있다면** 자신의 내면과 빈번하게 충돌이 일어나게 되며, 스스로를 다스리지 못하면 불구덩이로 뛰어드는 격이 될 수도 있습니다.

혼합형의 손은 앞에서 설명한 6가지 손 중에서 여러 가지 형태로 발달할 수 있는데, 손바닥과 손가락의 형태에 따라 다양한 모습을 보이므로 정해진 일관성이 없습니다. 따라서 내면의 충돌로 인하여 어떠한 모습으로 나타나게 될지를 잘 살펴보아야 합니다.

다중적인 성격을 지니고 있기 때문에 상대의 마음을 읽어낸다는 것이 쉽지 않습니다. 따라서 혼합형의 손은 많은 실사례의 경험을 통하여 체험하고 깨닫는 것이 중요합니다.

◐ **참고로** 혼합형의 손은 인구의 절반을 차지할 정도로 많습니다.

제**3**장

손가락으로 재능을 본다

손가락과 구원

손금으로 보는 자기계발서

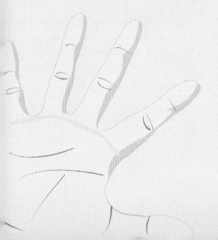

손가락 마디의 근원

　손가락이 전체적으로 똑같은 모양을 하고 있는 사람은 거의 없습니다. 각 손가락의 생김새, 끝의 모양, 마디의 길이가 모두 다릅니다. 손가락의 각 마디에는 고유한 성향이 있습니다.

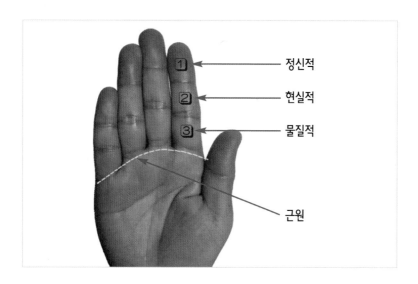

①번 마디가 길게 발달한 경우는 정신적인 사고가 강합니다. 감수성이나 감정이입이 요구되는 창의성·상상력·예술성에 소질이 있으며, 각 구가 발달되어 있으면 정신세계의 힘이 부각됩니다. ①번 마디가 짧으면 인생을 즐기는 것이 어려울 수도 있으므로 길게 발달되어 있는 것이 좋다고 생각합니다.

②번 마디가 길게 발달한 경우는 현실적으로 자신의 재능을 살려 성공하는 사람이 많고 삶의 추구를 실리적인 방향에 맞춥니다. 활동성 사업, 예능, 자신감, 향상심 등의 자기 모습을 대외적으로 드러내는 것이 좋습니다.

③번 마디가 길게 발달한 경우는 물질적인 욕심, 갖고 싶다, 먹고 싶다, 과시하고 싶다, 보여주고 싶다, 돈 욕심, 소유욕 등 자신의 욕구 충족을 위한 행동이 강함을 나타냅니다. 과도하게 길게 발달되면 허위적이고 오만한 모습도 보일 수 있습니다.

근원은 손바닥과 손가락이 나뉘는 부분을 말하며, 직선에 가까울수록 이상적인 모습입니다.
보통은 원을 그리는 듯한 모습이지만 특정한 손가락의 근원이 올라가면 각 구가 가진 성향이 한층 더 강해지는 것을 나타냅니다. 반대로 근원이 내려가면 구의 힘이 약해지는 모습이 됩니다.

엄지손가락

　엄지손가락 하나만으로도 그 사람이 어떠한 사고를 지녔는지 훤히 들여다볼 수 있으며, 인간의 3가지 요소인 본성·본능·본분 등을 갖추었는지 아닌지를 판단할 수 있습니다.

　엄지손가락을 보지 않고 판단한다는 것은 수상을 보는데 있어 엄청난 오판으로 이어질 수 있습니다. 수상학에서는 엄지를 보지 않고 수형학(손 모양), 장선학(손금)을 논하지 않을 정도로 엄지는 중요한 부분입니다.

　손의 모양이나 손금이 완벽하다 할지라도 엄지손가락이 못생겨 보이거나, 짧거나, 결점이 있을 때에는 정반대의 사고를 지닐 수 있습니다.

자신이 나약하다고 생각하는 사람들은 엄지손가락을 나머지 네 손가락 속에 꼭꼭 숨기고 있습니다. 아기들은 자신의 의사를 나타내기 전까지 엄지를 숨기고 있습니다. 뿐만 아니라 보살핌이 필요하거나 손길이 가야 하는 사람들은 누구든지 엄지손가락을 숨기고 있습니다.

자신의 자아를 잃어버리면 엄지손가락을 숨기는 모습들이 나타나게 되며, 사람들은 죽을 때가 다 되어가면 엄지를 움켜쥐고 있다고 합니다. 그만큼 엄지손가락은 그 사람의 인격체를 보여줍니다. 그러므로 수상을 볼 때 다른 부분에서 오판을 한다 하더라도 엄지손가락만 잘 보면 오판을 보완해 줄 수 있습니다.

엄지손가락이 짧으면 사고가 짧고, 길면 사고가 깊다고 볼 수 있지만 너무 길면 허위적인 사기 성향을 드러낼 수도 있습니다

엘렌 골드버그가 "모든 감정은 엄지로부터 시작된다."고 말할 정도로 엄지손가락은 중요합니다.

◑ 엘렌 골드버그
과학, 타로와 팜 리더, 점성술사, 심리치료사로 1975년부터 현재(2022년)까지 수상학을 연구한 수상학의 권위자이다. 저서로 『손으로 읽는 예술과 과학』 등이 있다.

엄지손가락은 다음과 같이 두 마디가 아닌 세 마디로 나닙니다.

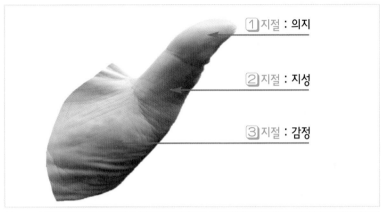

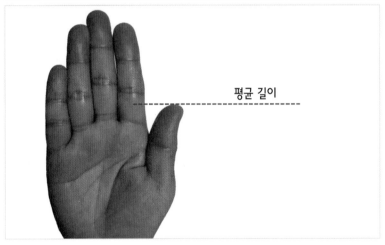

1 지절 : 의지

1 지절은 화성구와 같이 보아야 하는데 용기, 도전, 투쟁, 결단력을 나타냅니다. 이곳이 잘 발달되어 있으면 자신을 움직이는 동기가 명확하고 올바릅니다. 너무 강하게 발달되어 있으면 무모한 행동을

많이 하고 완고한 고집을 보이며, 발달이 미약하면 소심하고 나약하며 의지가 약한 사람입니다.

②지절 : **지성과 논리, 이성적인 사고력**

②지절이 적당한 길이로 발달하면 추리능력, 지각적 판단력, 사리분별력이 좋은 모습이라 할 수 있고, **너무 길게 발달하면** 생각이 많아지고 완벽해지려는 성향으로 어려움을 겪습니다. 반면 이곳이 짧으면 사고가 짧습니다.

①지절과 ②지절의 길이가 비슷한 것이 가장 이상적입니다. 어느 한쪽의 길이가 길다면 의지가 약할 수도 있고, 판단력이 흐려질 수도 있습니다.

자신의 엄지손가락 길이를 보면 스스로 무엇이 부족한지를 알 수 있는 것입니다.

③지절 : **일명 금성구로 감정을 나타내며 길이를 보지 않는다**

③지절은 살집이 적당하게 볼록한 것이 이상적이며 애정, 동정, 사랑 등 감정이 풍부한 사람입니다. 이곳이 과도하게 부풀고 단단하다면 주도적, 지배적, 욕정을 참지 못하는 모습으로 쾌락을 즐기는 사람일 수도 있습니다. 반대로 푹 꺼진 듯하거나 살이 없이 흐물흐물하면 애정, 동정, 기력 등이 약하고 의욕이 없는 사람이 될 수도 있습니다.

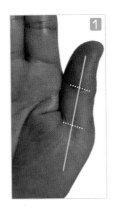

■과 같이 각 지절이 평균 길이로 균형이 잡혀 있을 때에는 의사가 뚜렷하고 대인관계가 원만합니다.

■와 같이 2지절이 길 때에는 생각이 많고 실천력이 떨어지며, 결단을 내리지 못하고 어떻게 처신해야 할지 갈피를 잡지 못하는 사람이 될 수도 있습니다.
강한 의사가 필요하기 때문에 자신의 생각에 자신감을 가져야 합니다.

전체적으로 엄지손가락이 짧으면 생각이 짧고 난폭하며, 반대로 너무 길면 생각이 많고 엉뚱하게 허위적인 생각을 지닐 수 있습니다

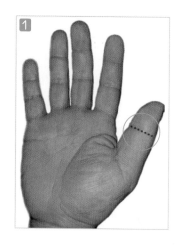

1의 **빨간 점선**처럼 엄지가 굵게 발달하면 의사가 분명하고 자아의식이 확실하며, 실행력과 자기통제력이 강해 이성적인 사고가 깊습니다.

하지만 자신만의 사고가 깊어 억척스럽고 고집스러운 사람으로 보일 수도 있습니다.

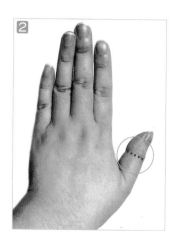

2의 **빨간 점선**처럼 엄지가 약하게 발달하면 자아의식이 약하고 의기소침하며, 책임지기를 싫어하는 사람이 될 수 있습니다.

동정심과 애정심이 많고 감정적입니다. 타인과의 협업에 좋은 모습이 될 수도 있지만 독단적으로 하는 일이나 장사, 사업 등에는 상당한 어려움을 겪을 수 있습니다.

1과 같이 엄지손가락의 **뼈**가 아랫 부분으로 발달한 사람은 엄지를 넓게 벌릴 수 있으며, 많이 벌어질 수록 개방적이고 수용성이 강한 것을 나타냅니다.

엄지의 **1지절**도 완만한 곡선을 그리는 모습으로 한층 더 부드러운 사람이라는 사실을 알 수 있습니다.

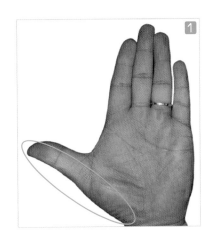

2와 같이 엄지손가락의 **뼈**가 굴곡 지고 위쪽으로 발달한 사람은 옆으로 벌리는 것이 어렵고 고집 세며, 무엇을 수용하려는 마음이 적습니다.

엄지의 **1지절**도 둥글고 크게 발달하면 투쟁적인 모습이 한층 더 강한 사람으로 볼 수 있습니다.

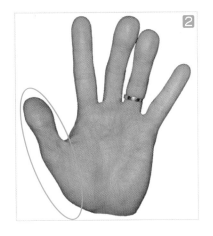

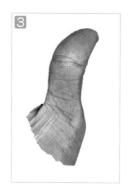

3과 같이 엄지손가락이 뒤로 젖혀지는 사람은 유연한 사고를 갖게 되며, 타인의 주장을 잘 받아들이는 성향입니다.

하지만 너무 많이 젖혀지면 자신의 본질과는 다르게 허위적으로 사람을 상대할 수 있습니다.

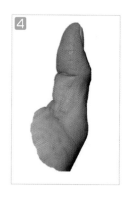

4와 같이 엄지손가락이 뒤로 젖혀지지 않는 사람은 억척스럽고 고집이 세며 타인의 의사를 잘 받아들이지 않습니다.

뻣뻣하면 뻣뻣할수록 투쟁과 도전심이 강하고 신경질적인 모습을 많이 보입니다.

엄지손가락이 젖혀지지 않는 것과 손바닥 쪽으로 굽은 것을 구분하여 보아야 합니다.

● **엄지손가락이 손바닥 쪽으로 굽은 것은** 자아와 자기주장이 약하여 주체성이 없는 사람입니다.

1과 같이 엄지손가락 양 옆의 날이 일자를 그리게 되면 논리적이고 이성적이며, 틀에서 벗어나는 것을 싫어합니다.

정해진 규정의 틀에서 최고의 성과를 낼 수 있고, 매우 현실적이며 실리적인 모습을 보이게 됩니다.

규정을 깨는 것이 힘들고, 정해진 규칙대로 생각하며 행동하게 되므로 다소 답답하고 융통성이 없는 사람으로 보일 수 있습니다.

2와 같이 엄지손가락의 두 번째 마디가 잘록하면 융통성 있게 동조가 잘 되는 편이며, 개성 있는 사람입니다.

현실적인 직업보다는 창의성, 상상력, 아이디어 등 자기만의 생각을 많이 표현할 수 있는 방면이 좋습니다.

하지만 지나치게 잘록하면 사고가 민첩하여 야비하거나 사람을 이용하려는 성향까지 보일 수도 있습니다.

❸과 같이 엄지손가락 끝부분이 뾰족할수록 정신 세계가 발달하여 감수성, 민감성, 신비주의 등 사람의 마음을 읽어내는 육감이 강하며, 육체적인 노동과는 어울리지 않습니다.

현실에 집중하면 할수록 삶이 고달파지는 모습이 될 수도 있습니다.

❹와 같이 엄지손가락 끝부분이 부드럽게 완만한 곡선을 그리면 현실적으로 보는 눈이 발달하고 의지력, 결단력, 투쟁심 등 도전적이고 끈기 있는 사람입니다.

지나치게 둥글고 살집까지 부풀어 있다면 고집이 세고 사나운 사람으로 보일 수도 있습니다.

손가락의 꺾임

손가락의 꺾임 정도에 따라 개인 성향의 장단점을 알 수 있습니다.

손가락의 꺾임은 손바닥 언덕의 영향을 받습니다.

_87페이지 **언덕 보는 법** 참조

검지손가락이 중지 쪽으로 꺾이면 자기실현 욕구가 강하고, 검지손가락이 굵기까지 하다면 권위적인 지도자, 전형적인 리더라고 할 수 있으며, 자존심과 자만심이 강하여 독재자나 폭군이 될 수도 있습니다.

외향적인 성격에 선도자가 되는 모습이지만 투쟁심 또는 나서기를 좋아하고 오지랖이 넓어 우월감을 나타내지 못하게 될 때는 삶에 고난이 따르며, 물질이나 사람에게 억압을 받는 사람이 될 수도 있습니다.

검지와 약지가 중지로 꺾이고 중지는 반듯하다면 자아가 깊고 자신을 신뢰하며 신중한 타임으로 삶의 덕을 아는 사람입니다.

다만 중지가 약지 쪽으로 꺾여 있다면 태양의 성질이 강해지고, 신경이 극도로 예민하게 발달하거나 내면에 늘 우울감을 가지고 긴장하며 사는 인생이 될 수도 있습니다.

만약 중지가 손바닥 쪽으로 꺾여 있다면 자기 멋대로 생각하고 행동하는 무분별한 사람일 수도 있습니다. 선천적이든 사고든 똑같은 성향을 보입니다.

다른 손가락의 꺾임보다도 약지와 소지가 꺾여 있다면 건전함보다는 불건전하고 좋지 않은 것에 더욱 매력을 느끼는 경향이 많습니다. 사고가 유연하고 영특한 사람이 많아 자신의 단점을 알고 깨닫는다면 자신의 재능 개발을 잘할 수 있는 장점이 있습니다.

● 약지가 꺾일 경우

어느 손가락이든 꺾이지 말아야 합니다.
약지는 어느 쪽으로 꺾이더라도 좋지 않은 모습으로, 허위·낭비·가식 등의 성향을 보이게 됩니다. 횡재나 한탕 등 도박에 빠지는 사람이 많으며, 중지와 같이 꺾여 있다면 금전 관리에도 어려움을 겪으며 돈이 모이지 않는 사람일 수도 있습니다.

● 소지가 꺾일 경우

소지는 보통 약지 쪽으로 꺾이게 됩니다.
이런 경우는 건전한 사고보다 부정적인 사고가 더욱 많이 내재되고, 사람을 상대하는데 사기성을 많이 보이게 됩니다.

손가락의 간격에 따라 그 사람의 추구하는 성향 및 인생을 살아가는 방식을 알 수 있습니다. 그리고 의식하지 않고 손을 펴 보일 때 각 손가락이 어느 방향으로 휘었는지, 벌어졌는지의 모습에 따라 손가락이 가진 성격이 다르게 나타납니다.

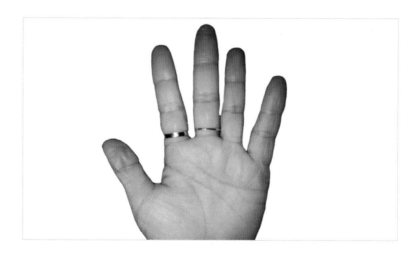

손가락을 일정한 간격으로 **짝 벌리면** 개방적이고 활발하며 활동성이 강한 성격을 나타내게 됩니다. 또한 사람들과의 관계가 원만하며 명랑한 탓에 주위 사람들에게 인기도 많습니다.

틀에 얽매이는 것을 싫어하고 자발적이며 좋은 모습이라 할 수 있습니다. 반면 자유분방한 성격 탓에 관념이 다소 떨어질 수도 있습니다.

하지만 앞의 사진처럼 일정하게 손가락의 간격이 벌어지는 사람은 의외로 드물다는 것입니다.

손가락을 바짝 오므리고 내미는 사람은 섬세하고 매사에 조심성을

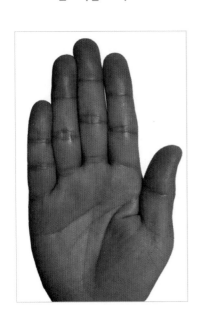

갖는 스타일이며, 꼼꼼하고 내성적인 성격을 가진 경우가 많습니다.

마음 상하는 일이 발생하면 오래도록 마음에 담아두는 타입입니다.

상대를 항상 경계하면서 보는 경향이 있으므로, 이런 사람에게는 직설적인 말보다 살짝 돌려서 말하는 것이 좋습니다.

① 검지만 벌어져 있는 사람

향상심과 환경에 대한 지배욕이 매우 강하게 나타납니다.

목성구의 성향이 강조되는 것으로 독립심, 개척심, 우월감, 자기 자신의 의견이나 생각 등을 신뢰하며 책임감 또한 강한 사람입니다.

이러한 사람은 큰 그림을 그리는 것을 좋아하며, 사업가로 성공하는 경우가 많습니다.

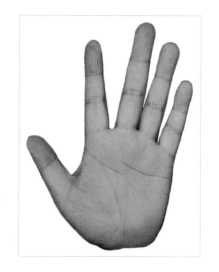

② 검지가 중지로 기울어져 딱 붙어 있는 사람

자신의 뜻대로 되는 일이 없고 타인에게 의존하는 경향이 강합니다. 무엇인가에 억압받는 것처럼 좋지 않은 모습인데, 흔히 가정을 이끄는 가장들에게서 많이 볼 수 있습니다. 만일 여성에게 이러한 모습이 나타난다면 주도적인 성향이 강하여 고난이 따릅니다.

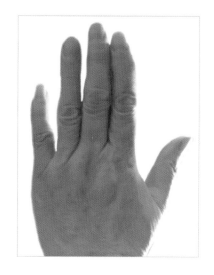

앞의 사진과 같이 소지가 떨어져 있으면 간섭받기를 싫어하고 주관적인 사고가 강하기 때문에 삶에 다소 어려움을 겪을 수 있습니다.

③ 약지와 소지가 떨어져 있는 사람

매사에 얽매이기 싫어하며 자유분방한 성격이지만 독단적으로

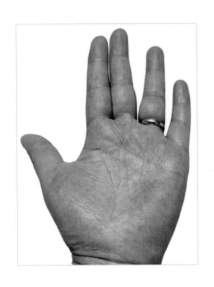

일을 진행하면 잘 되지 않을 수도 있습니다.

자주성과 자립심이 부족하여 환경에 조금이라도 지배된다면 바로 벗어나려는 성향이 강해지기 때문에 일을 목전에 두고 실패하는 사람이 될 수 있습니다.

④ 약지와 중지만 벌어져 있는 사람

주위해야 할 것은 엄지손가락을 꼭 같이 보아야 한다는 점입니다. 엄지손가락이 굵고 길게 잘 발달되어 있다면 융통성과 분별력이 뛰어나 일처리 능력이 뛰어난 사람일 수 있습니다.

⑤ 검지와 중지 그리고 중지와 약지가 떨어져있는 사람

자신의 생각을 중시하며, 스스로의 일처리를 잘하는 능력이 있고 자주성과 자유로움을 추구하는 성향이 강합니다. 얽매여 있는 틀을 좋아하지 않으며 항상 자유분방함을 추구하여 혼자 하는 **프리랜서나 서비스직과 같은 직업이 잘 어울립니다.**

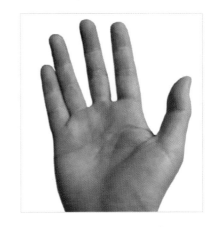

⑥ 소지만 독단적으로 떨어져있는 사람

소지만 독단적으로 떨어져 있는 사람들이 매우 많은데, 이는 상당히 주관적이며 간섭받는 것을 싫어하고 무슨 일이든 스스로의 사고방식대로 처리하는 것을 나타냅니다.

다만, 수성구의 성향이 강조되어 나타나기 때문에 소지가 길고 모든 손가락이 반듯하면 **사회활동에서의 수완이 뛰어납니다.**

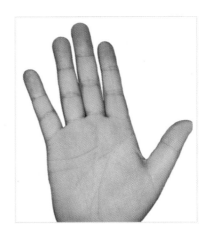

자기 마음대로 행동하는 좋지 않은 모습이거나 소극적이고 내성

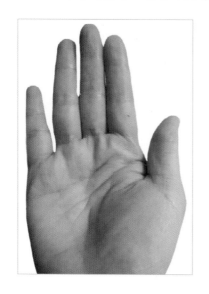

적이며, 자신의 표현 능력 또한 부족한 사람이 많은데 꺾여 있기까지 하다면 더욱 더 그러한 성향이 강해집니다. 음성적인 사람일 수도 있습니다. 또한 소화기능과 위장기능이 약한 사람이 많습니다.

소지만 떨어져 있는 대표적 인물로는 앨런 머스크가 있습니다.

방형의 손에 엄지가 강하게 발달하여 현실적이고 이성적인 사고를 지녔으며, 사업적 수완도 강한 사람이라고 보여집니다.

_Elon Reeve Musk

출처 : 구글

삶을 스스로 이끌어가는 주도적인 성향을 지니게 됩니다.

검지의 독립적이고 강한 향상심이 나타나고 소지의 주관적인 사고와 결합되면 누구의 간섭도 싫어하여 혼자서 하는 직업을 많이 택하게 됩니다. 또는 지시를 받고 수행하는 것이 싫어서 스스로 우두머리가 되기 위해 노력하는 사람이 많습니다.

이런 형태의 손가락을 가지고 있는 사람은 본인의 사업이나 장사, 프리랜서, 공예 등으로 자기만의 인생관을 펼쳐가는 것이 좋습니다. 만약 조직생활을 한다면 규율을 지키며 생활하는 것이 어렵고 고통이 따를 수 있습니다.

검지와 약지가 떨어져 있는 사람 중에는 가수 **비욘세**가 있습니다.

Beyonce : 출처 : 구글

첨두형의 손으로 창의성과 상상력이 뛰어나고, 아름다움과 이상을 찾아 떠나는 공상가 타입인데다 손가락의 형태가 이러한 모습을 하고 있기에 꿈을 현실로 발전시키는 향상심이 강한 노력가가 아닌가 생각합니다.

5 검지와 약지

검지와 약지의 길이 차이에 따라 활동성이 강한 사람인지, 차분하고 조용한 사람인지를 알 수 있습니다.

검지손가락의 길이로는 차분함과 자기관리, 섬세함 등을 볼 수 있습니다.

약지손가락의 길이로는 활동성과 도전의식 등의 역동성을 볼 수 있습니다.

①검지가 긴 경우

주로 여자들에게서 많이 보이는데, 꼼꼼하고 세심하며 대외적으로 보여지는 모습을 중시합니다. 긴 검지를 가진 여자들 중에는 사업가가 많습니다.

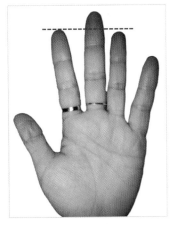

검지가 긴 여자일수록 얼굴의 살집이 많아 보입니다. 남자는 검지가 길면 내향적인 사람이 많고 자기관리에 철저합니다.

자신을 잘 꾸미고 매력을 갖추려고 노력하는 타입입니다. 남자는 약지보다 검지가 길수록 얼굴의 형태도 갸름합니다.

②약지가 긴 경우

외향적인 활동성을 보이게 됩니다.

여자의 약지가 길면 갸름한 얼굴과 날씬한 사람이 많습니다.

남자의 약지가 길면 얼굴의 하관이 두툼하게 잘 발달되어 있습니다.

제3장

③ 보통의 여자

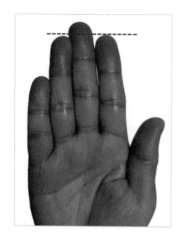

보통의 여자는 양 손가락이 비슷한 모습을 보이는데, 이런 경우에는 환경을 주도적으로 이끌어가는 것을 힘들어 하고 차분하며 조심성 있는 모습을 많이 보이게 됩니다.

얼굴의 형태도 둥글고 온화한 느낌을 주는 사람이 많습니다.

◉ **손가락 길이에 따른 얼굴형**

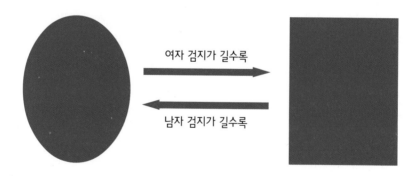

여자 검지가 길수록

남자 검지가 길수록

제**4**장

손의 언덕

손금을 보기 위해서는 언덕을 알아야 한다

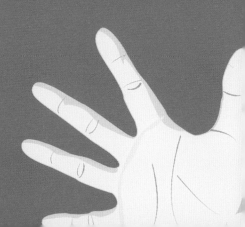

손금으로 보는 자기계발서

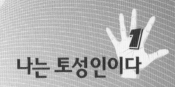

나는 토성인이다

필자는 토성의 성향이 많이 발달한 토성인입니다.

필자가 남들과 다른 사상을 가지고 살아왔다는 것을 깨달은 시기는 수상학을 공부하고 나서부터였습니다.

> 토성의 성향은 염세적·비관적·비사교적이고 우울감이 많이 나타나게 되며, 사고방식이 남들과 달라 어려움을 겪는 수가 많습니다

필자가 초등학교 5학년 때의 일입니다.

한여름 물총 놀이가 한창 인기를 끌고 있었는데 – 지금과 같은 물총이 없던 시절이라 볼펜의 앞부분을 빼고 거기에 노란 고무줄을 끼워 수도꼭지에 연결하여 물을 넣고 물총을 만들어 놀곤 하였는데 – 필자는 그것을 구할 수가 없었습니다. 한 달 용돈이 5백원인

데 볼펜과 고무줄을 살 수가 없었기 때문입니다.

운동장에서 친구들이 물총을 쏘면서 재미나게 놀고 있는 모습에 화가 나 친구들의 물총을 다 빼앗아 버렸더니 친구들은 금방 떠나고 혼자 남은 필자는 그 빼앗은 물총으로 혼자서 맘대로 물총을 쏘아대며 즐거워했습니다. 하지만 그 뒤로 친구들은 필자와 노는 것을 불편해 하였습니다.

돈이 없어 살 수 없는 것은 알지만 그렇다고 친구들 물총을 빼앗아 놀면서 혼자 즐거워하는 모습은 분명 정상적이라고 할 수 없을 것입니다. 본인의 행동은 생각하지도 않고, 왜 남들이 자신을 싫어하고 같이 놀아주지 않는가에만 집착하여 힘들어 하고 외로워한다는 것입니다.

이것이 바로 토성구의 기질을 가진 사람들에게 유년 시절에 나타나는 전형적인 행동으로, 자신의 생각이 옳고 타인의 생각은 받아들이기 어려워 하는 타입입니다. 토성구의 지배적인 영향을 강하게 받으면 자신의 자아가 고통받고 때로는 자살의 기로에 서기도 합니다

필자 또한 자신의 내면에 상처를 받고 많이 힘들어 하였으며 자살의 기로에 여러 번 서면서 깨달았습니다. 제대로 죽지도 못하니 이 모양 이 꼴로 사는구나……라는 생각에 스스로 더 한심하고 무능한 사람이 되고 있다는 사실을…….

◉스스로가 토성인 같다는 생각이 든다면 이미 삶을 바꾸기 위해 마음

의 준비가 된 사람일 것입니다.

목성구에서부터 약지까지 평평하거나
전체적으로 볼록한 느낌을 준다

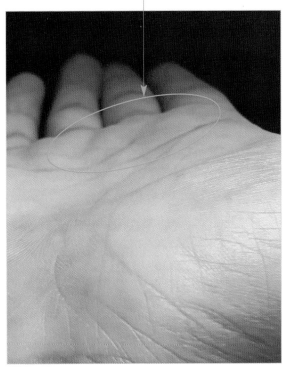

토성의 성향이 매우 발달한 손

8개의 언덕

손바닥을 보면 울퉁불퉁하게 살집이 두툼한 부분들이 있습니다. 그곳이 빵빵하던가 꺼지던가 쭈글쭈글하던가 여러 형태로 나타나는데, 그러한 언덕에는 총 8개가 있습니다.

8개의 구는 **월구, 제1 화성구, 제2 화성구, 수성구, 목성구, 금성구, 토성구, 태양구**를 말합니다. 고대 그리스의 7신들에서 따온 이름으로 그 신들의 성향을 나타낸다고 합니다.

아시아권에서는 제1 화성구, 제2 화성구라고 표현하지만 유럽에서는 화성구를 하나의 언덕으로 보고 **상단 화성구**, **하단 화성구**라고 표현합니다.

제1 화성구는 용기 · 도전 · 결단력 등 진취성과 투쟁심을 나타내고,

제2 화성구는 의지 · 인내 · 침착성 등 차분함의 성향을 가지고 있으므로 두 군데 중 한 군데만 발달되어 있다면 좋지 않은 모습으로 봅니다.

제1 화성구는 강하게 발달해 있는데 제2 화성구가 발달되지 않았다면 용기와 도전과 투쟁심만 강하여 막무가내식의 무분별한 정신이 강해진다고 볼 수 있습니다.

어떤 책에서는 총 9개의 구를 말하기도 하지만 본서에서는 기본적인 8개만 다루도록 하겠습니다.

8개의 언덕이 골고루 발달되어 탄력성을 갖는 것이 가장 이상적이지만, 보통의 경우는 특정한 부분만 유별나게 발달된 경우가 많습니다.

가장 눈에 띄는 곳은 엄지손가락 아랫부분인 **금성구**로, 이곳이 **부풀어올라 빵빵하고 단단하면** 선천적으로 건강은 할 수 있지만 애정, 동정, 사랑 등이 지나친 나머지 정서가 안정적이지 않고 음탕하거나 퇴폐적인 모습으로 나타나게 됩니다.

반대로 **힘이 없어 보이며 살이 없이 푹 꺼져 있다면** 애정, 사랑, 동정이 약하고 매사에 열정도 없이 주관이 약하며 냉정하거나 내성적인 성격을 보이기도 합니다.

➲ **이 부분은 손금을 읽는 데 있어** 가장 중요한 기준으로 삼는 부분이기도 합니다.

손금의 모든 선들이 어디서 나와 어디서 끝나는지가 손금을 해석하는데 중요하듯이 손가락과 함께 언덕의 중요성을 간과한다면 완벽한 수상학이라고 할 수 없을 것입니다.

◉ 손의 언덕 위치

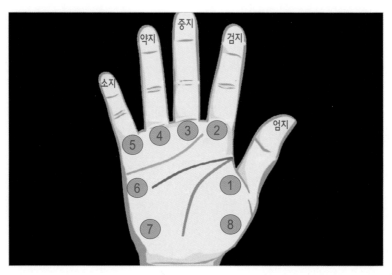

		긍정	부정
1 엄지_제1 화성구 ◐		의지..인내..결단..용기..진취	자아 약함..소심..비굴..나약
2 검지_목성구	◐	지배..야심..패기..명예..권력	허영..오만..횡포..무절제
3 중지_토성구	◐	자아..신중..근면..근엄..사려	염세..고독..불운..비사교성
4 약지_태양구	◐	예술..사교..열정..감수성	허위..허식..낭비..향락..도박
5 소지_수성구	◐	사교..언변..상업..사업..수완	허위..사기..교활..탐욕..도벽
6 제2 화성구	◐	인내심..자제력..침착성	나약..소심..의지 박약
7 월구	◐	상상..창의..글/말/손 재주	부정..공상..향락..냉정..센스×
8 금성구	◐	애정..가정..건강..동정	지조×..음탕..퇴폐적..부정적

1 손바닥을 쫙 펴고 강하게 힘을 주면 안 됩니다

약간의 힘만 주고 사진 1과 같이 손가락을 모아서 봅니다.

힘을 너무 세게 주면 언덕이 잘 보이지 않습니다.

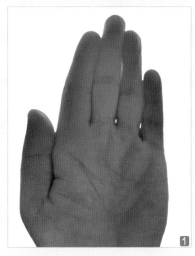

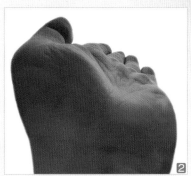

②손바닥을 눈높이로 하고 옆에서 살펴보면 사진 ②와 같이 손바닥에 볼록볼록한 부분들이 보이게 되는데, 볼록한 부분들이 각 언덕이 되며 어느 하나의 언덕이 독보적으로 보인다면 그 언덕의 성향이 지배적임을 나타냅니다.

이곳을 **언덕** 또는 **구**라고 하는데 토성구가 잘 발달되지 않는 것이 정상이며, 태양구는 2군데입니다. 현재 한국에는 이러한 정보가 전혀 없기에 본 책을 보시는 독자분들은 엄청난 정보를 입수하는 것입니다.

◎ 다음 사진과 같이 보통 태양의 언덕은 약지손가락을 기준으로 양쪽으로 두 개의 언덕이 있습니다.

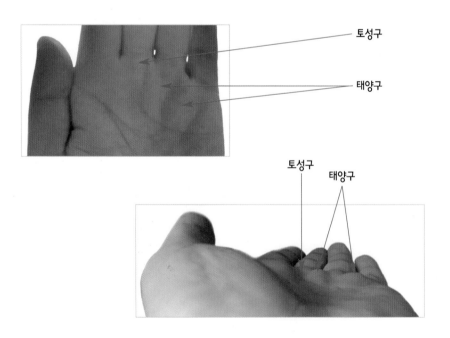

토성구

태양구

토성구 태양구

③토성의 언덕과 수성의 언덕을 보는 방법

○ 수성구 발달형

다음 사진과 같이 태양구의 한쪽이 소지 쪽으로 넓게 부풀어올라 있다면 수성구형입니다. 상업, 사업, 실업, 투기, 투자 등에 수완이 좋아 장사 능력이 발달한 사람입니다. 숫자 개념도 확실하여 손해를 보는 일이 없으며 부동산, 주식과 같은 투기성에도 수완이 좋은 모습이라고 할 수 있습니다.

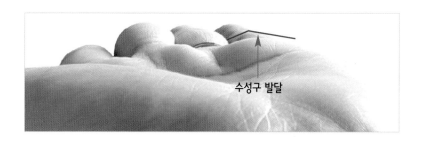

수성구 발달

○토성구 발달형

토성구가 발달하게 되면 사진처럼 중지 쪽의 태양구가 목성구에서부터 태양구까지 평평한 모습을 보이는데, 이런 경우가 토성구 발달형입니다.

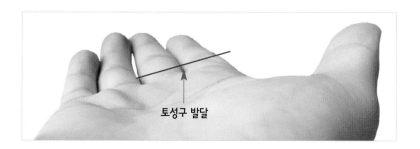

토성구 발달

토성구가 발달한 사람은 사고와 사려가 깊고 신중합니다.

손가락과 손금으로 세밀하게 판단해야 하겠지만 부수적인 내용들에 따라 염세, 고독, 불운, 비사교성 등 부정적인 의미가 강하게 나타나므로 많은 경험 사례가 필요해 보입니다.

토성의 언덕에 대해서는 ⑤ **토성의 언덕**을 참조하시기 바랍니다.

④ **언덕의 색**

각 언덕의 힘이 얼마나 강하게 발달되어 있는지는 색이 말해 줍니다.

● **연한 갈색** 어느 언덕이 연한 갈색을 띠고 있다면 그 부위와 관련된 두뇌가 발달되어 있다는 것입니다. 예를 들어 태양구가 연한 갈색을 띠고 있다면 문학·예술 등 상상력과 창의성이 발달하고, 토성구가 갈색이라면 근엄하고 학문에 출중한 사람으로 문장 능력이 타고난 사람입니다.

● **분홍색** 분홍색은 연한색부터 밝게 빛나는 색까지 많은 모습을 보이는데, 강한 빛을 띨수록 언덕이 상징하는 활동성이 강해짐을 나타냅니다. 태양구에 밝은 분홍색을 띠고 있다면 사교·음악·운동 등 자신의 특장점과 재능을 발산하며, 토성구가 밝은 분홍빛이면 사려 깊고 근면 성실한 사람임을 나타냅니다.

언덕을 보는 것은 조금만 배우더라도 그렇게 어려운 일이 아닐 것입니다.

⑤ 토성의 언덕

토성의 언덕을 볼 때는 주의하여야 합니다.

토성은 독특한 성향 및 자신의 자아와 직결되어 있기에 언덕 위에 있는 선들과 문양, 손가락의 생김새 등과 같이 비교하여 보아야 합니다.

중지가 약지 쪽으로 꺾여 있으면 내면적 우울감, **검지 쪽으로 꺾여 있다면** 자아실현 욕구가 높은 사람입니다. 한국 사람들은 대개 검지 쪽으로 꺾여 있는 경우보다 약지 쪽으로 꺾여 있는 경우가 많아 내면이 불안정한 사람이 많습니다.

토성의 언덕에 가장 이상적인 문양은 삼각형이며, 삼각형은 정신력을 나타냅니다. 학문, 신비학, 점성술 등 남들과 다른 독특한 직업을 찾고, 자아 성찰에 큰 비중을 둡니다.

세로선이든 가로선이든 잔선들이 많이 나타나 있다면 스스로를 돌아보지 않거나 아무 생각 없이 현실을 닥치는 대로 살아가는 사람일 수도 있습니다.

토성의 언덕에 중지를 감싸고 도는 고리를 **토성환**이라고 합니다. 토성의 고리가 있다면 고독·불운·비사교적 등 염세적인 성격을 나타내게 되지만, 자기 자신을 돌아보는 사람이라면 그 누구보다도 타인을 이해하고 받아줄 수 있는 근엄하고 사려 깊은 사람이 될 수도 있습니다.

반면 토성환을 가진 사람이 자신을 돌아보게 되면 엄청난 고통도 따를 것입니다.

토성의 고리는 극과 극의 대조되는 모습을 나타냅니다

제5장

수금의 가로 3대선

너와 나는 다른 성향 MBTI와 같다

손금으로 보는 자기계발서

가로 3대선의 기본 성향

손금을 보는데 있어서 가장 중요한 것은 가로 3대선입니다.

가로 3대선은 생명선, 두뇌선, 감정선을 말합니다.

손 모양뿐만 아니라 모든 선의 모습이 좋아도 가로 3대선이 좋은 모습을 하고 있지 않으면 인생길을 개척하는데 수난과 고난이 많이 따를 것입니다.

- ➡ **생명선** ☞ 활력.. 패기.. 열정
- ➡ **두뇌선** ☞ 의지력.. 결단력.. 판단력
- ➡ **감정선** ☞ 성격.. 애정.. 동정.. 감정

가로 3대선 중에서도 가장 중요한 것은 **두뇌선**입니다.

생명선과 **감정선**이 아무리 **강하고 좋더라도** 두뇌선이 잘리고 떨어지거나 사슬 모양이나 섬 문양 등의 **온전하지 못한 모습을 하고 있다면** 의지, 결단, 분별력 등이 좋지 않아 자기 멋대로 행동하는 사람으로 보일 수 있습니다.

가로 3대선이 모두 약하다면 의지, 결단, 판단, 기력 등 활동성이 떨어지고 무엇을 하더라도 흥미를 느끼지 못하며, 내성적이고 소심하며 신경질적인 사람입니다.

생명선과 **두뇌선은 강하지만 감정선이 약하다면** 자신의 사고는 뚜렷하고 온건할지 몰라도 타인과의 대면이 매정하고 쌀쌀맞거나 인정없는 사람임을 나타냅니다.

감정선만 강하고 생명선과 두뇌선이 약하다면 명랑하고 밝은 성향을 나타내지만 감정적이고 신경질적이며, 극도로 예민한 성격을 보이기도 합니다. 이러한 경우는 책임지기를 싫어하고 남에게 떠넘기기를 잘하며, 주도성이 없어 성공하는데 어려움을 겪을 수가 있습니다.

손금을 보는 순서는 분석가마다 다릅니다.
감정선을 최우선적으로 보는 사람은 모든 사람의 기운은 심장에서 나온다고 하여 심장을 나타내는 감정선을 먼저 살핍니다.

두뇌선을 먼저 보는 경우는 보통 서양에서 많이 보는 방법으로, 그 사람의 사고력에 따라 처신과 행동이 판가름 나기에 자신을 움직이는 힘의 원천인 두뇌선을 먼저 살핍니다.

동양에서는 생명선을 가장 먼저 보는 경우가 많습니다.

필자 또한 생명선을 우선적으로 보는데 삶의 리듬, 활력, 패기, 열정이 뒷받침되어야 인생길을 개척할 수 있기에 생명선이 힘의 원천이라 생각하기 때문입니다.

> **가로 3대선은 깊고, 퍼지지 않고, 끝이 예리하고 날카로워야 합니다.**
> **끝이 퍼져 보이면 우둔한 사람이 될 수 있습니다**

생명선이 짧으면 일찍 죽고 길면 오래 산다는 개념은 빨리 잊어야 합니다. 생명선이 30대쯤에 사라지고 없는 사람도 55세를 넘긴 사람이 많았고, 길고 선명한데도 골골한 노년을 마주한 사람이 많았습니다.

손금으로 미래를 예측하기보다는 현재의 마음가짐, 태도, 생활방식 등을 인식하고 개선하는 것이 올바른 일입니다.

2
생명선 (활력..패기..열정)

어떤 이유에서 생명선이라고 명명하였는지는 알 수 없지만 명칭이 적절하지 않은 듯합니다. 그 사람의 건강과 체질, 활력, 열정 등을 나타내기는 하지만 생명선이 수명을 나타내는 것같이 느껴지니 말입니다.

네덜란드의 임상 및 심리학 박사인 마르티진반 멘스로르트의 **생명선의 장수이론**에 대한 다음과 같은 연구 결과가 있습니다.

> ● www.handresearch.com
> 미국(1974년)과 영국(1990년)의 전문가들 연구에 의하면 생명선의 길이가 실제로 장수와 연결되어 있음을 시사한다. 그러나 그 후로 그것을 뒷받침할 만한 연구 결과가 왜 없었는지 궁금하다.

손금에 관심이 있는 분이라면 누구나 알고 있을 만한 사람으로 키로(Cheiro)가 있습니다. 그는 사람 판별과 과학 수사 등에 지문 인식을 적용하였고, 1900년대에 저술한 『키로의 손의 언어』를 보면 자신의 손을 찍은 사진과 함께 생명선으로 수명을 측정하는 부분이 나옵니다.

키로의 수명은 생명선 나이로 59세에 죽었어야 했지만 10년이나 더 살고 69세에 사망했다고 합니다. 연구 결과를 보면 보통 생명선 나이보다 10년 이상은 더 살았다는 것입니다.

그렇지만 생명선이 짧거나 지저분하거나 좋지 않은 모습일 때는 건강, 체질 등의 문제를 야기하는 것은 분명합니다.

키로의 생명선을 보면 유년법상 59세의 나이 정도에 분기하면서 사라진 모습입니다. 현재까지 서양과 동양에서 나온 유년법을 납득하기가 어렵습니다. 유년법을 보는 방법은 어느 것이 옳은지 모를 정도로 엄청 다양합니다. 하지만 그러한 것들을 무시만 할 수도 없는 일이니 애매하고 어렵기만 합니다.

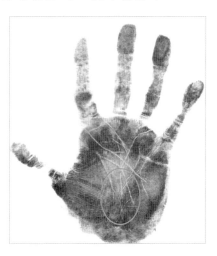

필자가 공부하면서 연구해온 유년법에 대한 측정방법이 있습니다. 본문 **5 유년법**(228쪽)을 참조하시기 바랍니다.

생명선이라고 해서 자신의 수명을 보는 것으로만 알고 있다면 정말 어리석은 일이라고 생각합니다. 생명선이 깊고 예리하게 잘 발달되어 있어도 빨리 죽는 사람이 있는가 하면, 짧고 좋지 않은 모습을 하고 있어도 노년기에 접어들어 잘 사는 경우도 많기 때문입니다. 그런 연유에서 생명선과 수명은 같지 않다는 것이 필자의 판단입니다.

1 생명선은 중지의 가운데를 기점으로 한 손바닥 중간을 기준으로 잡습니다. 기준을 넘지 못하면 에너지가 적고, 기준을 넘으면 에너지가 넘치는 사람입니다.

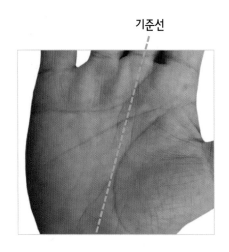

기준선

2 생명선이 기준선과 가까울수록 삶에 활력과 열정이 강하고 안정성을 찾아가는 가장 이상적인 모습입니다. 무모한 행동을 하지 않으며 스스로가 할 수 있는 범위 내에서 행동하고 처신합니다.

③ 기준선에 미치지 못하는 생명선을 가진 사람은 매사에 조심스럽고 조용한 성격에다 나서기보다는 뒤에서 차분히 생각하고 행동하는 사람입니다. 열정과 패기가 약하고 내성적이며, 온기가 부족한 사람으로 냉정하고 차가운 사람이 많고, 성욕도 적으며 동정심도 없이 매정한 성격일 수 있습니다.

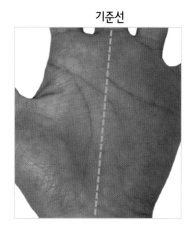

기준선

제 5 장

④ 기준선을 넘어가는 생명선을 가진 사람은 패기와 열정이 넘쳐서 무모한 행동도 할 수 있지만 도전, 모험심, 호기심이 강하기도 합니다. 활동성 또한 강하여 가만히 있지 못하는 사람이 많으며, 새로운 환경 변화에 대한 적응력도 빠릅니다.

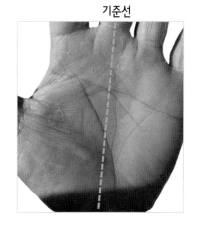

기준선

5 생명선이 잔선으로만 이루어지던가 얇고 흐릿하거나 흰색 빛을 띠면 활력과 패기가 없고 삶에 의욕이 없는 모습을 보일 수 있습니다.

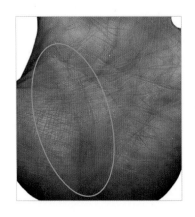

보통 생명선이 이런한 경우는 두뇌선도 같이 약한 형태를 보이게 되는데, 의지가 약하여 싫증을 빨리 느끼며 분별력 또한 떨어져 실수를 연발하기도 합니다.

● 생명선의 지선 확장형

생명선이 손바닥 아래 손목 쪽으로 확장하는 사람은 환경의 반경과 영토 확장으로, 열정적이고 새롭게 무언가를 개척하고 도전과 신념

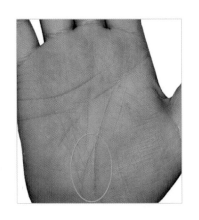

등 자신만의 공간을 구축하는 탁월한 능력을 가지고 있습니다.

체계적이고 계획적이며, 노년으로 갈수록 자신의 노력이 결실을 맺지 않을까 싶습니다.

생명선은 두뇌선과 꼭 같이 살펴보아야 합니다.

　두뇌선이 짧으면 집요하지 못한 사고뭉치이고, 길고 깊으며 예리하게 잘 발달되어 있어야 추진력이 강합니다

● 생명선의 월구 쪽으로 가는 지선

　이것은 확장형과 다른 성향입니다. 확장형은 손목 아래로 가지만 **사진에서 보이는 지선**은 월구를 향해 가는데 이를 **여행선**이라고도 합니다. 동양에서는 객사 타입으로 보기도 합니다.

　모든 선들은 자신의 사고력에서 발달하는 선들이며, 사진과 같이 월구로 향하는 지선은 호기심과 도전, 모험심 등 어디를 가더라도 두려움이 없고 적응력이 빠른 사람이라고 할 수 있습니다. 집을 떠나 먼 곳, 특히 해외에서 산다는 것은 더욱 두려움이 따르는 일이니 말입니다. 하지만 이러한 선을 가진 사람은 타지에 대한 두려움이 없고 새로운 환경에 대한 호기심이 가득합니다.

◐ 덧칠되고 흐릿한 생명선

보통 생명선이 약한 사람은 생활에 활력과 패기가 없어서 무엇을 하더라도 금방 지치며 끈기도 약합니다. 신체 또한 저항력이 약해 잔병치레가 많고, 매사 의욕이 없고 열정적이지 않습니다.

대체적으로 생명선이 약한 모습을 하고 있을 때는 사진과 같이 두뇌선과 감정선도 흐릿하고 잘리거나 꼬여 있는 모습이 많이 관찰됩니다. 이런 사람은 선천적인 요인도 있겠지만 인생을 살면서 의기소침해진 사람이 많습니다. 선천적으로 이러한 모습을 가졌다면 육체적인 활동보다는 정신적인 활동의 직업을 갖는 것이 좋습니다.

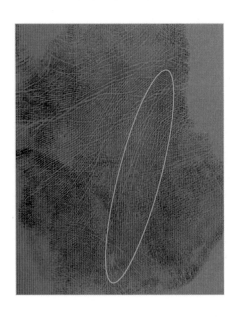

이처럼 덧칠되고 흐릿한 생명선을 가지고 있는 사람이라면 **미리미리 스스로의 건강을 챙기는 것이 현명합니다.**

30대까지는 자신은 건강하고 활동적이라고 하는 사람이 있습니다. 하지만 그것은 젊음의 힘이라는 것을 명심해야 합니다.

◑생명선이 짧게 끊기고 밖으로 나타나는 선

생명선이 짧다고 걱정할 필요는 없으며, 밖으로 다시 나타나는 선이 있다면 삶의 환경 변화·변동·아픔 등이 될 수 있으며, 삶의 질이 바뀌는 모습입니다.

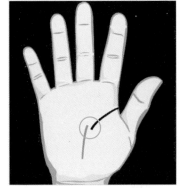

환경이 변한다는 것을 좋게 받아 들일 수도 있으며, 떨어져 있는 부분의 나이를 추측하여 자신의 삶의 환경에 변화가 올 수 있다는 것을 짐작할 수도 있습니다.

◑생명선이 짧게 끊기고 안쪽으로 나타나는 선

생명선이 짧게 끊기고 안쪽으로 선이 나타나면 밖으로 나타나는 선과 같은 의미이지만 결과는 좋지 않은 모습이 될 수 있습니다.

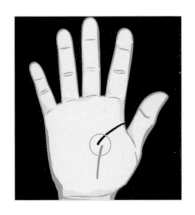

삶의 반경이 작아지는 모습이며, 병의 회복에도 나쁜 영향을 미칠 수 있으니 미리미리 건강을 챙기는 것이 좋습니다.

⑥ 생명선의 색

연한 갈색	보통 손금의 색이며, 생명선이 연한 갈색을 띄면 건강하고 활동성을 가진 사람입니다.
흰색	열정이 없고 의욕도 없으며 차갑고 냉정한 사람이거나 소극적인 사람입니다. 생명선이 아무리 선명하고 강하게 잘 발달되어 있다 하더라도 생활의 기운이 좋지 않은 모습이며, 면역력이 약하여 질병에 걸리거나 잔병치레가 많을 수 있습니다.
빨간색	열정이 과한 것을 보여줍니다. 몸에 열이 많다는 것은 곧 화가 많아 충동성을 많이 나타내게 됩니다. 상당히 감정적인 사람일 수도 있습니다.
노란색	노란색을 띨 때는 손의 전체가 누런빛을 띄게 됩니다. 손금의 선들이 탁한 검은색을 보이기도 하는데 담즙이 많이 분비되면서 나타나는 모습입니다. 건강상으로는 해독작용에 많은 문제가 발생하는데 간기능장애가 대표적입니다.
파란색 보라색	두 가지 색은 건강과 직결됩니다. 신진대사와 혈액순환의 문제이며 심장기능이 약하다는 것을 나타내게 됩니다. 만약 손톱까지 파란색이거나 보라색을 띄고 있다면 주기적으로 병원을 찾아가는 것이 좋겠습니다.

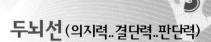

두뇌선 (의지력··결단력··판단력)

손금을 보는데 있어서 가장 중요한 척도는 두뇌선입니다.

생명선이나 감정선이 어떠한 형태를 하고 있던 두뇌선이 잘 발달되어 있다면 의사가 분명하고 사리분별력이 뛰어난 사람으로 볼 수 있습니다.

다른 선의 형태도 마찬가지겠지만, 두뇌선이 깊고 예리한지, 끝은 어떠한 모습을 하고 있는지에 따라 미세한 부분까지도 많은 차이를 보입니다.

◉ **두뇌선 보는 순서**

1 선 끝의 모양	사고력을 나타냅니다
2 선의 방향	습성을 나타냅니다
3 선의 형태, 깊이	의지력과 분별력을 나타냅니다

손금을 보는데 있어 정답은 없지만 두뇌선은 별도로 순서를 정하여 보는 것이 좋습니다. 이는 필자의 경험을 통한 노하우로써 믿음을 가지셔도 좋을 듯합니다.

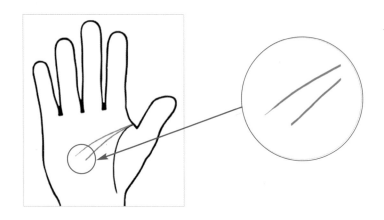

⊙ **두뇌선의 끝이 날카로운 사람**은 예리하고 민첩하며, 환경변화에 민감하고 의사가 뚜렷한 사람이라고 할 수 있습니다.

⊙ **두뇌선의 끝이 뭉툭**하여 예리하지 않으면 환경변화에 대한 민감성이 떨어지고 우둔한 사람입니다. 상대에 따라 소통이 잘 되지 않는 사람이 많습니다.

⊙ **두뇌선의 끝은 선천적인 기질**을 많이 나타냅니다.
지금까지의 경험으로 보면 선이 진해지고 깊어지기는 하지만 끝의 모양은 잘 변하지 않는 것 같습니다. 다만, 지선으로 예리하게 발달한다는 것을 알 수 있었습니다.

필자가 2007년에 처음 찍은 사진과 13년 후의 사진을 비교해 보면 **1**번은 지선으로 날카롭고 예리해진 반면 **2**번 선은 강해지기는 하였으나 끝이 뭉툭한 모습을 그대로 지니고 있습니다.

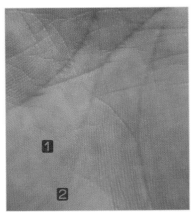 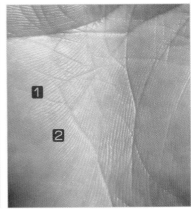

2007년 여름 필자의 손금   2020년 10월 필자의 손금

스스로 생각해 보면 어린 시절에는 눈치 없고 사고력이 떨어지는 우둔한 존재였던 것 같습니다. 하지만 지금은 우둔한 듯하면서도 환경의 변화에 잘 적응하고 올바로 판단하며 예리하다는 소리를 많이 듣습니다.

두뇌선으로 뇌의 발달 과정을 알 수 있습니다.
왼손은 **우뇌 발달**, **오른손**은 **좌뇌 발달**로 이를 서로 교차하여 판단할 수 있습니다.

좌뇌는 언어, 분석, 논리, 수리를 담당하며 이곳이 발달되지 못하면 언어장애, 난독증, 기억력 상실, 섬세하지 못함, 배우는 것을 싫어함 등을 보입니다.

우뇌는 공간지각 능력, 창의력, 5각 발달, 예체능 등을 담당하며 이곳이 발달되지 못하면 집중력 결핍, 발달 장애, 감정조절 장애, 순발력 떨어짐, 교감 능력이 떨어지는 모습을 보입니다.

손금이 어느 한쪽으로 편파적으로 발달하면 분명히 문제가 있는 것으로 보입니다. 어느 쪽의 두뇌가 편파적으로 발달했는지를 보려면 다음을 참고합니다.

물질적인 손(방형, 주걱형, 원시형)의 양손에 직선형 두뇌선인데다 오른손에 이중 두뇌선을 하고 있다면 매우 이성적이고 냉철한 사람으로, 계산적이고 감정 교감이 잘 되지 않으며 직설적이고 신경질적인 사람으로 좌뇌 성향이 극대화된 사람일 것입니다.

정신적인 손(원추형, 사색형, 첨두형)의 양손에 모두 하향하는 두뇌선이 있고 왼손에 이중 두뇌선을 가지고 있다면, 편파적인 우뇌형으로 섬세하지 못하고 끈기가 없으며 신체적이든 정신적이든 특정한 분야에만 치중되어 있는 사람이라는 것입니다.

특히 **한쪽에만 이중 두뇌선이 있으면** 뇌의 활동이 혼란을 겪어서인

지 상황에 집중하지 못하거나 심적인 불안을 보이거나 사회에 적
응하는 것을 어려워하는데, 이러한 증상은 오른손 이중 두뇌선보
다 왼손 이중 두뇌선을 가진 사람들에게서 더 많이 나타납니다.

◉ 뇌와 관련된 기타 정보

◐ 『내가 처음 뇌를 열었을 때』의 저자 라훌 잔디얼

라훌 잔디얼은 신경외과 전문의이자 뇌 과학자로 10권 이상의 책과 100편 이상의
논문을 썼다고 한다. 그의 저서 중에 『내가 처음 뇌를 열었을 때』라는 책에는 뇌의
관리법부터 뇌에 대한 신비로운 이야기가 많아 흥미로운데, 그중 한 가지가 좌뇌형
과 우뇌형 인간으로 분류하는 것이 옳은 것인가에 대한 이야기가 나온다.
한 소녀는 우뇌의 발작이 지속되어 우뇌 전체를 제거하여 왼쪽의 신체는 움직일 수
없게 되었지만 인지능력은 그대로 유지된 채 생활할 수 있었다고 한다.

◐ 두개천골요법마스터 바디칸 : 바디칸CST학교

바디칸CST는 교육 힐링을 전문으로 하는 학교입니다

"좌뇌형인간 vs 우뇌형인간. 과연 당신은?"이라는 주제인데, CST전문가로서 좌뇌
형-우뇌형 인간으로 분류하는 것 자체가 4개의 혈액형 타입으로 인간을 분류하는
것과 크게 달라 보이진 않는다. 큰 카테고리 안에서 우리는 이쪽일 수도 저쪽일 수
도 있다.
기능이 우뇌와 좌뇌로 나뉘어 설정될 수 있다는 것 자체가 오히려 더 놀랍다. 왜냐
하면 몸의 시스템은 어떤 상황에도 필요하다면 모든 기능을 할 수 있도록 설계되어
있기 때문이다. 우뇌가 손상되어도 창조적일 수 있고 좌뇌가 손상되어도 사고가 가
능한 것처럼 말이다.

https://blog.naver.com 〈퍼옴〉

◉ 두뇌선과 두뇌 발달

| 두뇌선 | 왼손 | 우뇌 발달 |
| 오른손 | 좌뇌 발달 |

두뇌선의 모양 — 직선 — 직관적 사고력 — 고정관념 — 좌뇌형

두뇌선의 모양 — 곡선 — 직감적 사고력 — 유연성 — 우뇌형

○ 생명선과 두뇌선이 살짝 떨어져서 발달한 경우

독립적이고 사고가 올바른 사람으로, 자발적이며 자기주장형입니다. 그렇기에 타인보다 자신의 주장을 우선시하며 자신감도 넘칩니다. 이러한 두뇌선의 소유자는 가장 현명한 판단을 내릴 수 있는 사람이 아닐까 합니다.

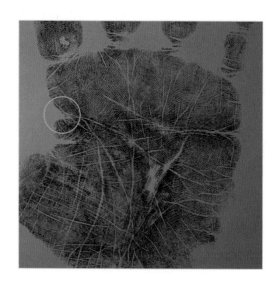

◉생명선과 두뇌선이 과도하게 많이 떨어진 경우

독립적인 성향을 넘어 무분별한 사람이 될 수도 있습니다. 무슨 일을 하더라도 시작은 하지만 끝을 보지 못한다거나 일만 벌여놓는 좋지 않은 모습입니다. 타인의 생각은 전혀 하지 않고 독주적입니다.

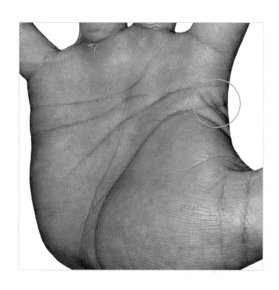

이처럼 두뇌선의 간격이 넓다면 어떤 결정을 할 때 누군가의 조언을 듣는 것도 나쁘지 않을 듯합니다.

만약 독립적인 두뇌선을 가진 사람이 손을 내밀 때 바짝 오므리고 내민다면 극도로 신경질적인 사람일 수도 있습니다.

> 두뇌선과 생명선의 간격은 5mm 이상 벗어나지 않는 것이 가장 이상적입니다

두뇌선의 방향은 추구하는 성향을 나타냅니다.

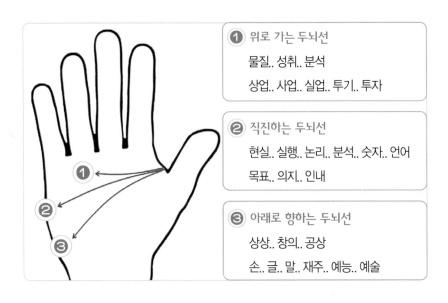

① 위로 가는 두뇌선
물질.. 성취.. 분석
상업.. 사업.. 실업.. 투기.. 투자

② 직진하는 두뇌선
현실.. 실행.. 논리.. 분석.. 숫자.. 언어
목표.. 의지.. 인내

③ 아래로 향하는 두뇌선
상상.. 창의.. 공상
손.. 글.. 말.. 재주.. 예능.. 예술

⬚1⬚ 위로 가는 두뇌선_물질.. 성취.. 분석.. 상업.. 사업.. 실업.. 투기.. 투자

젊어서부터 물질에 눈이 밝아 남들보다 빠른 성장을 하는 사람

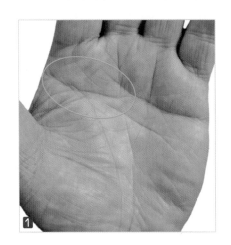

이 많은 반면에 대인관계가 다소 계산적일 수 있습니다.

❶과 같이 다른 선들과 함께 모든 선의 모습이 뚜렷하다면 추구하는 방향성도 뚜렷하며 젊어서부터 성공하는 사람이 많습니다.

또한 공사 구별없이 분명하고 현명한 사람일 것입니다.

1번 손금의 주인공은 연세가 지긋하신 분으로, 지금은 작은 가게를 운영하시지만 땅과 자산이 100억 이상되는 자산가입니다.

2와 **3** 같이 상향하는 **두뇌선이 깔끔한 모습이 아닐 때는** 다른 선들도 그러한 모습을 보입니다. 이런 모습을 하고 있다면 단순히 물질 욕구만 강한 사람이 많고 사람을 상대하는 것 또한 계산적일 수 있습니다.

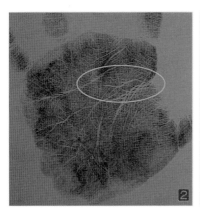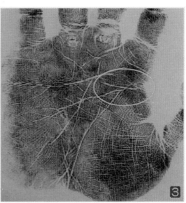

앞의 사진들 **1** **2** **3**의 공통점은 두뇌선이 직선을 그린다는 것입니다. 직선형 두뇌선에는 일반적으로 짧은 수성구형 두뇌선을 가진 사람들이 많습니다.

직선형은 현실적, 실행력, 물질형 두뇌선으로 이성적이고 대인관계가 냉철하며 냉정한 사람일 가능성이 높습니다.

② 직진하는 두뇌선_ 현실.. 실행.. 논리.. 분석.. 숫자.. 언어.. 의지.. 인내.. 목표

현실적이고 실행력이 강하여 목표의식이 없다면 아무것도 이루지 못하는 수가 있고, 환경을 잘 받아들이지 못하는 경우가 많습니다.

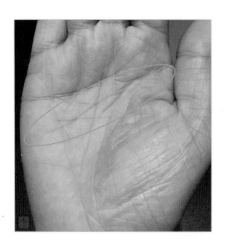

1 직선이 뚜렷하며 세로선들의 기세도 강하다면 목표의식이 뚜렷하고 현명하며, 논리적인 사고력을 지닌 사람입니다. 기억력과 암기력도 뛰어나다고 할 수 있습니다.

이 손금의 주인공은 젊은 여성인데, 인테리어 사업으로 승승장구할 것이라고 봅니다.

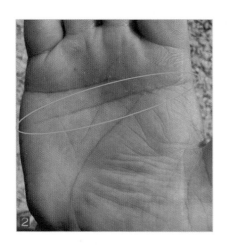

2 직선이 상당히 예리하며 끝으로 갈수록 날카롭습니다.
기억력, 암기력, 언어구사 능력이 상당히 뛰어나며 화를 내도 언성이 높아지지 않고 매우 차분한 성격을 가졌습니다.
그렇지만 스스로의 진취성과 발전성은 떨어집니다.

이 손금의 주인공은 현재 건설현장에서 일하고 있습니다.

지나친 직선은 이성을 넘어 예민하고 감정적이며 냉정합니다.

3 덧칠되고 깔끔하지 못한 모습을 하고 있다면 직선의 성향인 현실성과 실행력은 있을지 모르지만 반듯한 사고는 분명히 떨어질 것입니다. 이성적인 사람임에도 불구하고 감정적인 경향을 많이 보일 수 있습니다.

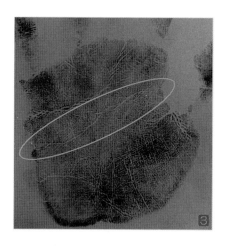

이 손금의 주인공은 항공사 승무원으로 언변이 상당히 뛰어납니다. 하지만 논리적이지 못한 모습을 많이 보였습니다. 환경에 맞춰 행동하며 눈치를 많이 살피는 사람으로 이성보다는 감정에 가까웠습니다.

직선의 두뇌선은 현실과 논리를 따지는 사람으로 자신의 사고가 올바른 목표가 없다면 노년의 고생길은 자명할 것입니다

③ 아래로 향하는 두뇌선_상상.. 창의.. 공상.. 손.. 글.. 말재주.. 예능.. 예술

아래로 향하는 두뇌선은 정신력이 나약한 사람에게서 많이 볼 수 있으며 환경의 변화에 수용적입니다.

아래로 향하는 두뇌선은 잘 관찰해야 합니다.

소지 아래 손바닥 끝까지를 3개의 언덕으로 나눕니다.

감정선 위로 소지 기저선까지를 **수성구**라고 하며, 상업·사업·실업·투기·투자 등 이재에 밝은 면을 나타내게 됩니다.

다시 감정선 아래부터 손바닥의 끝부분까지 3등분을 합니다.

그중 3분의 1 부분인 감정선 아랫부분이 **제2화성구**가 되며, 나머지 3분의 2 부분이 **월구**입니다.

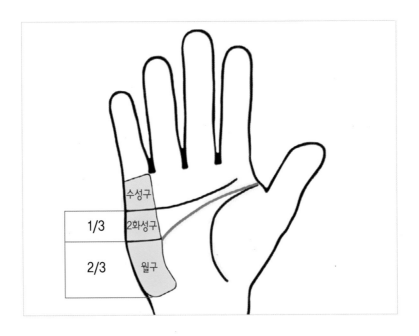

◐ **제2 화성구**는 의지, 인내, 침착, 분석, 논리, 수리, 언어 영역입니다.

◐ **월구**는 상상력, 글재주, 말재주, 손재주, 상상력, 창의성 등 예술, 예능
에 재능을 보이게 됩니다.

하향하는 두뇌선의 위치가 어느 쪽으로 향하는지를 잘 관찰해
야 합니다. **하향하는 두뇌선의 가장 이상적인 모습**은 직선을 그리다가
중지의 기점을 넘으면서 아래로 향하는 두뇌선이며, 선명함과 예
리함 또는 길이 정도에 따라 이성과 감정 사이의 사고와 분별력
이 뛰어난 사람임을 나타냅니다.

1 **두뇌선이 직선으로 가다가 하향하여 월구 상단으로 발달한 모습**입니
다. 이는 제2 화성구의 성향인 논리적 사고가 발달하고, 언어 구사
능력과 말솜씨가 결합하여 이성과 감정 사이의 판단하는 사고력이
뛰어난 사람입니다. 하지만 두뇌선이 다소 굵고 퍼진 듯한 모습은
느슨하거나 힘든 일을 하지 않
으려는 게으른 사람일 수도 있
습니다.

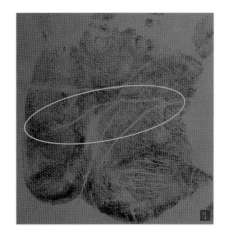

오른쪽 사진의 손금을 지닌 주인
공은 현재 연극과 강사로 활동하고
있습니다.

2 두뇌선이 곧장 월구 상단으로 날카롭고 예리하게 발달하면 매우 현

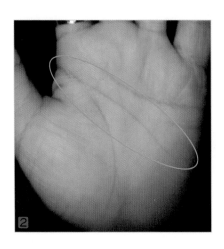

실적이고 논리적이며 실행력, 말재주, 기억력 등이 월등히 뛰어난 사람입니다.

이 손금의 주인공은 사업을 하는 젊은 여성으로 언변이 좋고 사고가 뚜렷하며, 늘 명랑하여 주위에 사람이 끊이지 않는다고 합니다.

3 두뇌선이 길고 예리하게 월구 중간으로 향하면 예능, 예술, 손재주, 글재주가 좋고 사람들과의 사교가 좋은 모습을 나타냅니다. 다만, 사진과 같이 독립적 두뇌선으로 많이 떨어져 있는 경우는 럭비공 같이 튀는 행동을 많이 하게 됩니다.

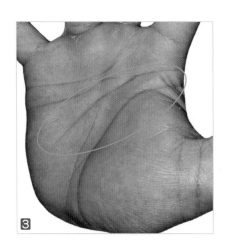

이 손금의 주인공은 자신의 의사가 확실하고 매사에 열정이 넘치는 사람입니다. 또한 운동과 반사신경이 상상을 초월할 정도로 뛰어나 처음 해보는 것에도 뛰어난 능력을 보이는 사람입니다.

4 두뇌선이 월구 하단으로 향하면 육체보다 정신적인 사고가 발달

하며 공상가의 기질을 많이 보
입니다. 육체 노동을 싫어하는
여성에게 많이 나타나는데 상상
력, 창의성, 글재주, 손재주 등
아이디어 창고로 불립니다.

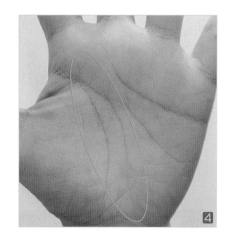

사진처럼 선의 하향 정도에 따라
예지력과 직감력이 뛰어나거나 아
니면 잠재의식 속에서 사는 사람일
수도 있습니다.

◐ 두뇌선이 깊지 못하고 퍼져 있거나 덧칠된 모습

판단력이 떨어지고 복잡한 것을 별로 좋아하지 않습니다. 느슨
한 성격을 나타내며 목표가 뚜렷하지 않고 신뢰성을 떨어뜨립니

다. 두뇌선이 이런 모습이면 기
타 다른 선들도 퍼져 있거나 약
한 모습일 확률이 많습니다.

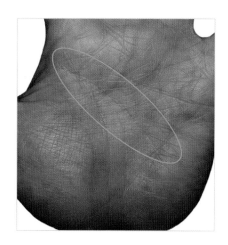

그렇다면 매사 딱 부러지는 맛
이 없이 자기주장만 강한 사람이
거나 매사가 불분명하고 쉽게 지
치는 사람입니다.

● 두뇌선이 사슬처럼 엮이거나 꼬여 있는 모습

이런 손금은 소심하거나 민감한 성격을 보이며 집중력이 떨어집

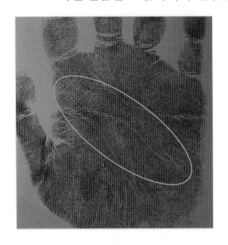

니다. 오랫동안 한 가지에 집중하기가 힘들고, 선이 강해질 수는 있지만 한 선으로 합쳐지기는 어렵습니다.

간혹 예외가 있는데, 현실에 대한 불안감, 우울증 등의 정신적인 문제가 될 때 사슬모양의 선으로 나타날 수 있습니다. 선천적으로 지

구력도 약하며 공상가로 머무르는 사람이 많습니다.

● 두뇌선이 분명하지 않고 꺾이며 덧칠된 모습

이런 손금이 선의 색도 흐릿하면 자신의 의지력이 매우 떨어지

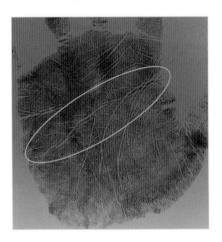

는 의지박약자일 수 있으며, 인생의 기복이 심한 사람일 수도 있습니다.

분위기에 쉽게 휩쓸리기도 하고 계획했던 일을 포기하거나 감정에 사로잡히기도 하며 민감하게 대응하기도 합니다. 사진과 같이 직선의 모양을 하고 있다면 다행

일지도 모릅니다. 하향하는 두뇌선일 경우 의지력과 분별력이 떨어지는 의지박약자일 것입니다.

◐ 두뇌선이 짧게 곡선을 그리는 모습

이러한 손금의 주인공은 받아들이는 성향이 강하고 매사에 긍정적인 사고를 지니려고 합니다. 스스로의 주도성이 떨어지며 결단력과 추리력이 약하고, 쉽고 편하게 생각하려는 경향이 강해지기 때문에 **견고한 정신력**을 다져야 합니다.

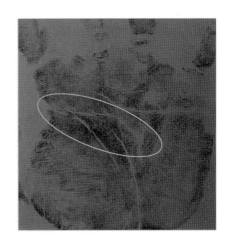

◐ 두뇌선이 짧게 직선을 그리는 모습

이런 손금의 주인공은 이기적이고 냉정하며 물질욕구가 강하게 나타납니다.

> 짧은 두뇌선은 반응속도가 매우 빠르므로 육체적인 직업에 가치가 높습니다

④ 방정 구간

감정선과 두뇌선의 중간 부분을 방정구간이라고 합니다.

손바닥에서 방정구간이 차지하는 간격이 넓을수록 삶에서 일궈놓은 것이 많거나 열심히 사는 노력가형이라고 볼 수 있습니다.

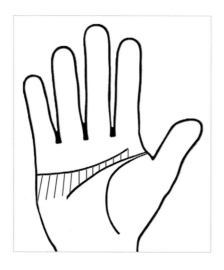

왼쪽 그림처럼 **방정 구간이 좁으면** 수용성이 약하고 세상을 받아들이는 기질도 약하여 복이 들어와도 받아들이지 못하는 경향이 많습니다.

두뇌선과 감정선이 서로 마주 보는 듯한 직선형을 하고 있는 것이 대표적입니다.

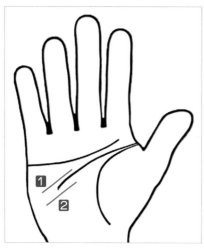

1 처럼 두뇌선이 **끊어졌다 위에서 다시 나타나면** 왕성하던 두뇌 활동이 줄어드는 것을 의미합니다.

두뇌 활동이 줄었다는 것은 노년에 활동성이 약해지는 문제일 수도 있지만 교차되는 시점이 중지를 넘지 못할 때는 자신의 내면을 잘 돌아보아야 합니다.

앞의 그림에서 **2**처럼 **두뇌선이 끊어졌다가 아래로 다시 나타나는 선**을 **방정 구간의 확장**이라고 합니다. 방정 구간이 넓어진다는 것은 환경변화에 대한 수용성이 강해지는 모습입니다.

1과 **2**는 끊겨 있는 경우의 예시입니다.

방정 구간을 이중 두뇌선**과 혼동하지 말아야 합니다.**

이중 두뇌선은 중지손가락 기점 이전에서 시작하며, 그 이후에서 시작하면 **1 2**의 그림과 같이 분리형 두뇌선이 됩니다.

두뇌선이 잘리거나 얽힌 모습은 노년의 정신적 문제나 신경성 등의 문제를 의미하는 수도 있으니 정신 건강을 미리 챙겨보는 것이 좋겠습니다

4 이중 두뇌선

이중 두뇌선은 대체적으로 많은 사람들이 가지고 있습니다.

보통 이중 두뇌선을 가진 사람은 머리가 비상하고 똑똑한 사람으로 보게 되는데 오른손의 것은 저장공간이 2개, 왼손의 것은 환경을 받아들이는 속도가 2배라고 보면 됩니다.

이중 두뇌선은 양손에 같이 나와 있어야 하는데, 한 손에만 있다면 무엇을 어떻게 하고 살아야 할지 스스로의 주체성을 잃고 고민하는 사람이 의외로 많습니다.

오른손에만 있다면 똑똑하고 배우는 것을 좋아하는 경우가 많습니다. 하지만 왼손에만 있다면 환경을 받아들이는 속도는 2배인데 저장공간 부족현상으로 두뇌 속에 부하가 걸리는 것입니다. 이같은 사실은 필자가 수많은 지인들의 상담사례로 느끼고 깨달은 것입니다.

또한 필자가 1,000명 이상의 직원을 관리 감독하며 일을 시켜보면 곧잘 하는 사람이 있는가 하면, 펼쳐만 놓고 정리를 하지 못하는 사람도 있습니다. 이렇게 두 분류로 나뉩니다.

이중 두뇌선을 가진 사람들은 일을 빨리 하거나 아예 하지 못합니다. 중간치기는 없습니다. 대체로 아이디어가 좋고 눈썰미가 예리하며 사물을 파악하는데 민첩합니다. 하지만 보통은 이러한 재능을 잘 살리지 못하고 자신의 내면을 고립시키는 사람이 많습니다.

다음의 표에서 보는 것처럼 왼손에만 이중 두뇌선을 가진 사람은 우뇌가 편파적으로 발달하여 좌뇌의 능력이 떨어집니다.

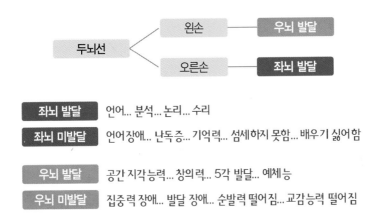

이처럼 두뇌의 발달과 미발달을 보면 **좌뇌가 편파적으로 발달한 사람은** 우뇌가 관장하는 영역인 교감능력, 순발력 등이 떨어지지만 배우고 습득하고 처리하는 능력에는 문제가 없어 일을 꼼꼼히 잘 처리합니다.

우뇌가 편파적으로 발달한 사람은 좌뇌의 영역인 언어장애, 기억력 저하, 섬세하지 못함, 배우기 싫어하는 스타일로 자기 멋대로 행동하며 일을 시켜도 정교하지 못하고 대충 처리합니다.

필자는 왼손이 이중 두뇌선입니다.

위의 선은 길고 하향하는 반면 아래선은 짧고 위로 향해 있는데, 아래로 향하는 두뇌선은 약지 아래까지만 있습니다. 이런 경우는 태양선의 기세도 강한 것으로 보아 약지의 재능이 있어 보입니다. 짧게 위로 향하는 모습은 수성구형으로 상업적 재능, 돈 버는 수단을 말합니다. 왼손의 이중 두뇌선으로 우뇌가 발달하고 태양선과 두뇌선이 수성구로 향하는 것으로 보아 현실적인 재능이 있지 않을까 생각합니다.

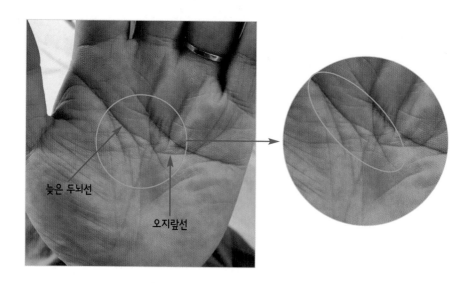

늦은 두뇌선

오지랖선

필자 자신을 돌아보면 돈 버는 수단이나 아이디어 등으로 먹고 사는 것에 대한 두려움은 없었던 듯합니다. 다만, 두뇌선의 시작이 늦으며 오지랖선도 강하고 두뇌선이 짧은 곡선을 하고 있어 타인을 받아들이는 성향이 강하며 상대방의 요구를 거절하지 못하는 결핍 증세를 많이 보인다는 점입니다.

참고로, 늦게 시작하는 **결핍 두뇌선**과 **오지랖선**은 다음 장에서 자세하게 설명하도록 하겠습니다.

필자는 늘 보통 사람들보다 일처리에 대한 판단 능력이 빨랐습니다. 하지만 무엇이든 정신적인 충격이 조금이라도 가해진다면 정신세계에 굴복하고 나태하며 현실에 집중하지 못하고 일만 벌려놓고 정리가 안 되는 사람이었습니다.

이런 사실을 알고 바로 잡기 위해 엄청난 노력을 하고 있습니다. 하지만 왼손은 선천적인 성격을 나타내는데 왼손의 이중 두뇌선과 기타 선들로 인해 필자의 본질적인 기질을 바꾸기가 힘들다는 것입니다.

평생토록 내면에게 물어가며 생각하고 반성해야 할 것이며, 그렇지 않고 조금이라도 생각을 멀리 한다면 이내 본질적인 성향이 드러난다는 것을 꼭 알아 두어야 합니다.

이중 두뇌선은 **시작부터 같은 방향으로 나란히 발달하는 것이 가장 이상적인 모습입니다.** 그렇지만 이렇게 가지런히 발달한 경우는 보기 힘들며 상당히 여러 가지 형태로 발달하기 때문에 잘 살펴보아야 합니다.

가지런하고 깔끔해 보이는 형태가 아니라면 사고력이 떨어지며 자신의 주체성을 잃고 방황하는 사람들에게서 많이 나타나게 된다는 점을 유념해야 합니다.

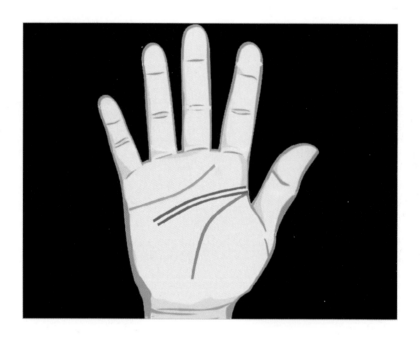

모든 선들의 가운데 있는 두뇌선은 **사고력에 핵심이 되는 척도이며,** 두뇌선의 발달이 원만하지 않다는 것은 자신의 사고력이 떨어지는 것으로 직결됩니다.

오른손의 이중 두뇌선이 가지런한 모습이고 손바닥을 보여주는 모습으로

보아 현실적이고 논리적이며,
환경에 지배되지 않고 세심하며
섬세한 사람입니다. 또한 육체
노동보다는 차분하고 조용하며,
이성적인 사고를 지닌 사람일
것입니다.

　　짧게 상향하는 두뇌선은 수성구의 성향인 상업, 사업, 실업, 투기,
투자와 같은 물질적인 면에 해박한 사람입니다.

　　**또다른 직선의 두뇌선에 끝이 지
선으로 발달하여 제2 화성구로 향한
것은** 인내심, 침착성, 현실적, 실
행력이 강하고, 생명선과 운명
선과 태양선의 기세를 보면 자
신의 목표의식이 확실한 모습이
라고 할 수 있습니다.

　　두뇌선의 시작 부위에서부터 짧게
수성구의 형으로 잘 발달한 사람은초년부터 인생길이 탄탄하게 다져져
서 승승장구하는 사람이 많습니다.

얽히고 설킨 모습의 이중 두뇌선이면 자신의 재능을 잘 알지 못하며, 무엇을 어떻게 해야 하는지 어려움을 겪는 사람이 많습니다.

사진과 같이 덧칠한 듯한 모습은 보통 다른 선들도 흐릿하거나 온

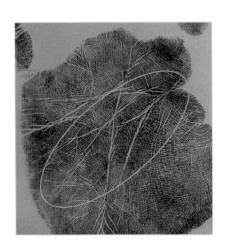

전하지 못한 모습을 많이 하고 있는데, 판단력이 흐리고 주체성이 없이 흐리멍텅한 사람이 많습니다.

HSP 두뇌선

HSP는 Highly Sensitive Person의 약자로 '매우 예민한 사람'
이라는 뜻인데, 1995년 미국의 심리학자 일레인 아론 박사의 『민
감한 사람들의 유쾌한 생존법(The Highly Sensitive Person)』이라
는 저서에서 도입한 개념입니다.

아론 박사의 연구에 따르면 인구의 15~20%가 이같은 예민한
기질을 가지고 있다고 합니다. HSP는 유전자에 의해 결정되며,
HSP의 뇌는 그렇지 않은 사람과 다른 구조를 보인다고 합니다.
HSP는 질환은 아니지만 우울증이나 불면증 등의 정신적 질환으
로 발전할 가능성이 있으므로 주의가 필요하다고 합니다.

_네이버지식백과 HSP (시사상식사전, pmg지식엔진연구소)

HSP 두뇌선은 손금을 보면서 공부하고 연구한 결과 HSP의 개

념과 너무나 흡사하여 필자가 붙인 말입니다.

손금을 보다 보면 간혹 **생명선 안에서 나오는 두뇌선**이 있는데, 이러한 두뇌선을 가진 사람은 혁신적이고 창의적이며 틀을 벗어난 사람입니다. 하지만 쉽게 스트레스를 받고 좌절을 느끼며 신경질적이기도 합니다.

보통 사람들은 하루 8시간 근무를 한다면 그 시간을 잘 활용하여 일하는 일관성을 보이지만 HSP 두뇌선을 가진 사람들은 정해진 8시간을 잘 활용하지 못하고, 일을 하더라도 오래 하지 못하며, 일에 두서가 없고 일관성이 없는 모습을 보입니다. 이런 상태가 오래 지속되면 될수록 살아가는 나날이 고통스럽고 답답하며 자신의 재능을 모두 잃어버리는 역효과가 나타납니다.

HSP 두뇌선은 매우 민감하기 때문에 단숨에 뇌의 활동이 급격히 올라갑니다. 그로 인해 보통 사람들보다 일처리와 대처능력이 빠른 반면 스트레스 또한 쉽게 받는 것이 아닌가 합니다.

손금이 생명선 안에서 시작하면 제1 화성구의 성향인 용기, 의지, 결단력, 진취성 등이 강하게 발달한 사람입니다.

HSP 두뇌선을 가진 사람이라면 조급함을 버리고 차분해지려고 노력해야 하며, 명상과 같은 마음의 수양을 많이 쌓아야 합니다 침착하게 마음을 다스리지 않으면 매사에 안절부절 못하고 되는 일이 없다고 느끼며, 민감하고 까칠하며 신경질적인 사람으로, 툭 하면 싸우는 좋지 않은 사람이 될 수 있으니 명심하여야 합니다.

다음은 HSP 두뇌선이 **이상적으로 발달**한 사진입니다.

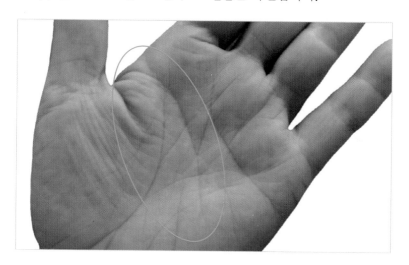

제1 화성구의 특성인 투쟁심과 결단력이 우수하며, 월구와 제2 화성구의 살집이 팽팽하게 부풀어 있는 모습으로 보아 자신의 사고가 분명하며 재능을 잘 살려 노년에 안정감을 갖춘 모습이라고 할 수 있습니다.

생명선의 기세도 활력과 열정이 넘치며, 중년의 시작과 함께 강하게 발달한 개운선이 운명선으로 발달되고, 두뇌선에서 나오는 운명선의 힘을 보아서는 자신의 기발한 아이디어나 창의성으로 인생길을 개척하는 대단히 좋은 모습입니다.

다음은 HSP 두뇌선의 시작 뿌리가 약하며 구불구불한 모습에 다른 선들도 대체적으로 약한 모습을 하고 있는 사진입니다.

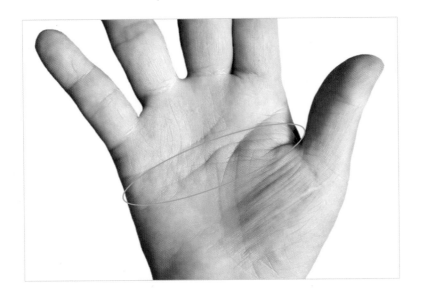

지극히 민감하며 예민한 성격에 화가 많은 것을 보여줍니다.

재능은 있지만 그것을 잘 찾지 못하여 삶이 힘겨운 손의 모습입니다. 두뇌선이 굴곡지면 사고력이 온전치 못하다는 것을 보여줍니다.

현실을 급급하게 헤쳐나가려 하기보다는 한 걸음 물러서서 가만히 자신의 내면을 돌아본다면 분명 남들과 다른 재주를 가지고 있을 것입니다. 그러한 재주를 잘 활용한다면 분명히 좋은 날이 올 것입니다.

결핍 두뇌선

유전 또는 성장 과정 중에 어떠한 결핍을 나타내는 손금이 있습니다. 꼭 결핍이 아니더라도 어린 시절에 제한적인 삶이거나 의존성이 강한 경우일 수도 있습니다.

어린 시절의 제한이란 부모님의 교육방식 또는 애착 등의 모든 사적인 일까지 지배당하는 모습이라 할 수 있으며, 또다른 경우는 나이가 먹어서도 부모만 찾는 마마보이일 수도 있습니다.

결핍 두뇌선을 가지고 있다면 자주성을 키워주어야 합니다

그렇지 않다면 주관이 약하고 사회활동을 힘들어 하며 스스로 인생을 개척하기 어려워합니다. 또한 누군가에게 의존성을 보이며 자기 자신을 나약하고 별볼일없는 존재로 인식하여 삶을 무분별하고 되는대로 살아가는 사람이 될 수 있습니다.

결핍 두뇌선은 정신적인 문제가 가장 큰데 애정결핍, 주의력 결핍 등이 있습니다. 그중 대표적인 것이 **주의력 결핍**이며, ADHD입니다. 정확한 명칭은 **주의력 결핍 과잉행동 장애**라고 합니다.

아동기의 아이를 키우는 어머니께서 이 책을 보신다면 아이의 손을 꼭 확인하여 보시기 바랍니다.

사랑을 받지 못하고 성장한 아이에게는 애정결핍이 강하게 나타납니다. 이런 경우에는 모든 사람들에게서 사랑받기를 원하고, 사랑을 받아도 부족한 사람으로 성장합니다. 성인이 되어서는 스스로에게 엄청난 고통을 안겨주는데, 이성과의 교제에서 강한 집착을 보이게 되고, 시련의 고통을 정신적으로 참지 못하며, 심하면 자살까지도 하게 됩니다. 반대로 너무 과도한 관심과 사랑도 이같은 역효과가 나타납니다.

이런 두뇌선을 강하게 가지고 있는 아이라면 꼭 관심을 갖고 사랑을 베풀어 주시기 바랍니다.

> ◐ **주의력 결핍 / 과잉행동 장애(Attenton Deficit / Hyperactivity Disorder, ADHD)**
> 주의력 결핍 / 과잉행동 장애는 아동기에 많이 나타나는 장애로, 지속적으로 주의력이 부족하여 산만하고 과다활동, 충동성을 보이는 상태를 말한다. 이러한 증상들을 치료하지 않고 방치할 경우 아동기 내내 여러 방면에서 어려움이 지속되고, 일부의 경우 청소년기와 성인기가 되어서도 증상이 남게 된다.
>
> _네이버지식백과 (서울대학교병원 의학정보, 서울대학교병원)

◯ **결핍 두뇌선**은 검지와 중지 사이에서 중지 쪽으로 기준을 잡습니다.

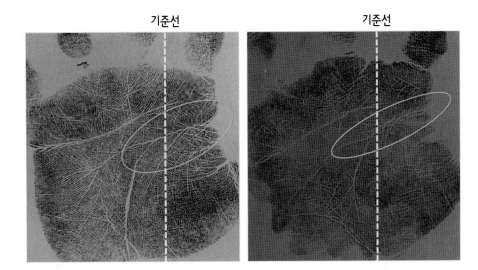

기준선   기준선

결핍 두뇌선을 가진 사람은 자기 스스로의 결단력이 약하며, 판단하고 결정을 하더라도 주위 사람들의 눈치를 많이 보게 됩니다.

감정선도 보통은 짧거나 하향하는 것을 많이 보게 되는데, 감정선이 하향하면 맹목적인 성향이나 우울감 등을 나타냅니다.

직선의 감정선에 맹목적인 성향을 나타낸다면 매우 이기적이고 소유욕이 강한 사람으로 가져도 부족할 만큼 욕심이 많은 사람입니다. 감정선이 직선형의 모습을 하고 있다면 내려놓는 연습을 많이 해야 합니다.

필자는 결핍 두뇌선과 HSP 두뇌선을 모두 가졌습니다.

필자의 기억으로 6세 무렵부터 동생과 함께 보육원에 맡겨졌으며 11세 무렵에는 동생과도 떨어져 홀로 보육생활을 하였습니다.

13세 때부터 가출을 하여 17세가 되던 때에 완전한 독립을 하였는데, 어린 시절에는 몰랐습니다, 필자의 장애를…….

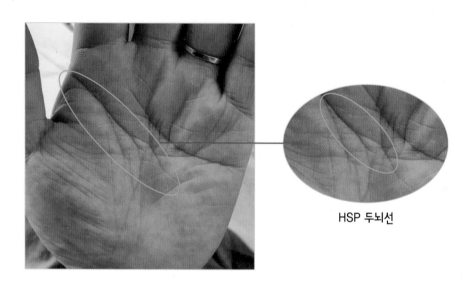

HSP 두뇌선

필자가 24세 때의 일입니다. 책을 보려고 하면 어지러움을 느끼며 집중도 되지 않고, 무엇을 하더라도 산만해지기 일쑤였습니다. 너무 답답하여 병원을 찾았습니다. 서울 이화여대 근처였던 것으로 기억하는데, 옷을 사러 갔다가 우연히 본 정신건강 상담소가 있길래 필자의 정신 상태가 궁금하여 들어가 보았습니다.

의사 선생님은 연세가 지긋한 분이셨는데 필자는 그때 난독증 판정을 받았습니다. 1.3점 이상이면 난독증 판정이 난다는데 1.7점이었고, 24세에서야 필자의 문제점을 알고 나니 초등학교 때부터 선생님께서 책읽기를 시키면 한 줄만 계속 읽던가 반복해서 읽고, 어디를 읽고 있는지 놓치기 일쑤여서 공부를 못하는 바보로만 생각하고 살던 필자에게는 커다란 위안이 되었습니다.

그 후로 30세에 손금을 접하게 되면서 남들과 다른 생명선과 두뇌선이 왜 이렇게 차이가 나고 이상하게 생겼을까 궁금해 하면서 공부를 시작하게 된 것입니다.

수많은 정보들을 종합해 보면 생명선과 두뇌선이 길게 붙어 있으면 독립이 늦어지거나 의존성 결핍을 보인다는 내용인데, 필자를 돌아보고 생각해 보니 어떠한 성향인지 퍼즐처럼 맞춰지기 시작했습니다.

결혼을 해서도 아들에게도 진정한 사랑이 무엇인지 보여주지 못했고, 직장에서도 사람들과 어울리는 것 또한 따라 가지 못하였으며, 공부와는 거리가 먼 장애자이며 주위가 산만하여 한 가지 일에 집중을 못한다는 사실이었습니다.

지금까지 필자 인생의 전반을 살면서 현재 손금을 완전히 이해하게 되었습니다. 그렇게 필자가 붙인 이름이 **결핍 두뇌선**입니다.

주의력 결핍 / 과잉 행동장애 / 난독증 / 애정결핍 / 지적장애 등등 한 사람의 정신적 장애가 결핍선이며, 우리 아이들 손금의 선이 중지를 넘어 이러한 모습을 하고 있다면 병원을 찾아 상담을 받고 성장하는 아이들의 마음을 어루만져 주시기 바랍니다.

다시 말씀 드리지만 과잉보호 사랑도 아이를 망칩니다.

감정선 (성격..애정..동정..감정)

감정선은 그 사람의 마음가짐 자세라고 합니다.

다른 나라 사람들에 비해 유독 겉과 속이 다른 민족 중 하나가 대한민국 국민이 아닐까 합니다. 속과 겉의 표현방법이 솔직하지 못한 듯합니다. 우리나라는 관계주의 문화라는 민족성이 있는데, 즉 다른 사람을 통해 자아가 형성된다고 합니다. 이것이 장점인지 단점인지는 모르겠으나 자존감과 주도성을 키우기 위해서는 솔직해질 필요성은 있어 보입니다.

자기 자신을 잘 모르는 사람은 **손금의** 감정선을 보면 **내면**을 알 수 있습니다. 명랑한지, 독선적인지, 부드러운지, 냉정한지 등등 자신의 감정표현이 어떠한지를 한눈에 알아 볼 수 있다는 것입니다.

손금 중에서 가장 쉽게 알아볼 수 있는 것이 감정선이며, 끝이 향하는 방향을 상·중·하로 나누어 그 향하는 방향에 따라 내면을 읽으면 됩니다. 감정선에는 정서적 안정, 신체적 상태 등 몸의 이상 증세도 나타납니다.

　감정선의 **형태가 깊고 선명하지 못하면** 감정기복이 심하고 일관성이 없음을 나타냅니다. 또한 **덧칠되던지 중간 어딘가에 결점이 있다면** 건강에 문제가 발생하게 되며 심적인 변덕을 보입니다.

　손금의 선들 중에서 가장 변하기 힘든 것이 감정선입니다.

　감정선을 바꾼다는 것은 자신의 성격을 바꾸는 것과 같기 때문에 정말 변하기가 어렵습니다. 반대로 생각하여 자신을 알고 느끼고 깨닫는다면 그리 어려운 일이 아닐 수도 있습니다.

　감정선이 **길면** 베풀고 받아주는 따뜻한 마음입니다.

　감정선이 **짧으면** 이기적이고 냉정합니다.

　필자의 생각으로는 중간의 기준선을 살짝 걸친 모습이 가장 이상적인 형태로 대인관계가 원만하다고 볼 수 있습니다. 그리고 감정선은 금성구와 같이 보면 좋은 판단이 될 것입니다.

　　금성구
　　　⬇
애정, 동정, 가정, 건강, 열정을 봅니다

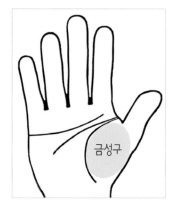

금성구

① 감정선이 얇은 사람

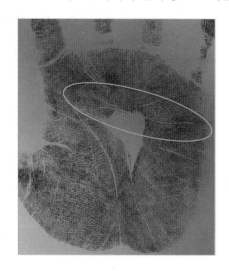

대인관계에서 실속형으로 베풀고 받는 것이 한정적이며, 금성구가 발달되지 않았다면 차갑고 냉정하며 이기적인 사람이기도 합니다. 감정선이 길던 짧던 상관없이 선이 얇으면 실속형의 타입입니다.

② 감정선이 넓은 사람

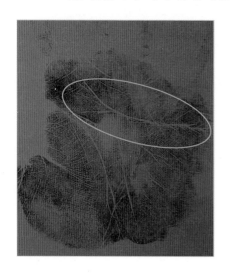

마음 씀씀이가 커서 쉽게 마음을 열기도 하지만 쉽게 닫기도 합니다. 하지만 덧칠되듯이 넓은 것은 기복이 심함을 나타내며, 단선으로 넓으면 인정은 있지만 금성구가 과하게 발달하면 환경을 지배하려는 주도성을 많이 띄기 때문에 다소 난폭해 보일 수도 있습니다.

③ 감정선이 짧은 사람

지극히 주관적이고 이기적이며, 냉정하고 물질욕이 강한 사람으로 대인관계가 원만하지 못합니다.

감정선의 길이는 타인에 대한 마음의 양식이라고 봐도 무방한데, 짧으면 짧을수록 마음의 양식이 작아집니다. 다만, 금성구가 잘 발달되어 있다면 애정이 넘치도록 가정을 지키는 사람일 것입니다.

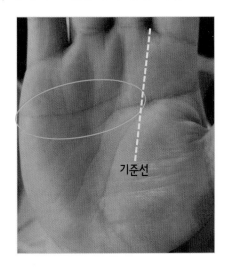

기준선

④ 감정선이 긴 사람

인정·애정 등의 감정이 풍부하며, 대인관계가 원만합니다. 마음 씀씀이도 좋아 잘 도와주기도 하고 잘 받아주기도 하며, 리드를 해 나가려는 성향도 강하여 다소 고집스럽거나 독재자와 같은 모습을 나타내기도 합니다.

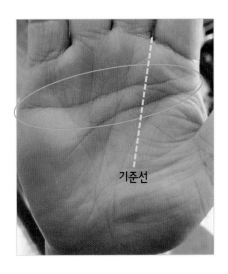

기준선

제 5 장

● 감정선의 3가지 형태

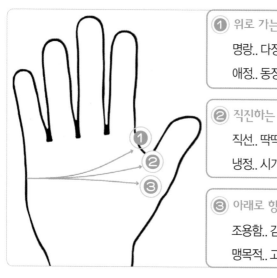

① 위로 가는 감정선

명랑.. 다정함.. 부드러움.. 우유부단

애정.. 동정.. 배려.. 이타.. 도의적

② 직진하는 감정선

직선.. 딱딱함.. 솔직함.. 흥분

냉정.. 시기.. 질투.. 대장 기질

③ 아래로 향하는 감정선

조용함.. 감정적.. 우울

맹목적.. 고집.. 개성

[1] 위로 가는 감정선_명랑.. 다정함.. 부드러움.. 우유 부단.. 애정.. 동정.. 배려..

이타.. 도의적

감정선이 위로 향하면 부드럽고 배려심과 이타심이 많지만 우유

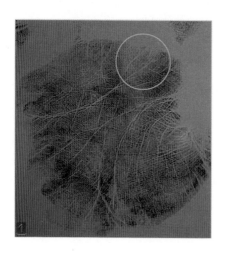

부단한 면이 있을 수 있습니다.

1 **감정선이 검지로 향하면** 부드러운 성향에 유연하고 적응력이 빠르며 이성과 감정이 잘 발달된 사람입니다.

목성구의 성향으로 인해 지배, 야심, 패기, 명예, 권력 등의 향상심이 많고, 단점으로는 배려와

이타심이 강해 우유부단하여 냉정하게 결정을 내리지 못하는 사람이 많습니다.

　금성구가 단단하게 부풀어올라 있으면 흉악스럽고 무절제하며 사람을 잘 이용할 수 있습니다.

　2 감정선이 검지와 중지 사이로 발달한 사람은 감정과 이성 사이에서 감정이 앞서고 사람 관계를 좋은 게 좋은 것이라고 생각하는 사람이 많습니다. 동정심이 많고 협조적이며 베푸는 것을 좋아하는 타입입니다.

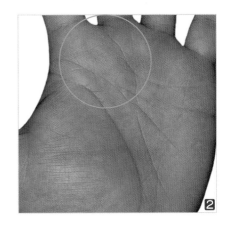

　3 감정선이 중지 쪽으로 향하면 향할수록 활발한 성격에 친화성을 보이지만 이기적인 성향도 보입니다. 좋고 나쁨에 따라 기분이 급변하는 좋지 않은 모습을 나타낼 수도 있는 매우 감정적인 사람입니다.

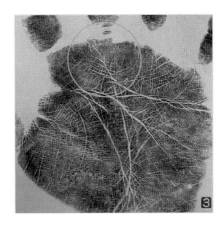

②직진하는 감정선_ 직선.. 딱딱함.. 솔직함.. 흥분.. 냉정.. 시기.. 질투.. 대장 기질

감정선이 횡단하는 듯한 직선은 고집이 상당히 세며, 거친 직업에서 리더의 활동을 하면 적성에 잘 맞습니다.

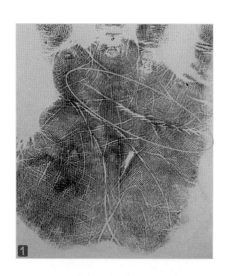

❶ 직선형의 감정선에 덧칠한 듯한 모습의 형태이면 부드러움을 나타냅니다. 직선적인 성격이 완화되는 작용을 하는데, 즉 날카롭고 독선적인 성격임에도 유연하고 부드러워져 말은 직설적으로 하더라도 다소 부드러운 사람입니다.

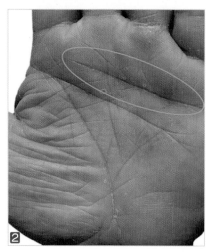

❷ 위의 **❶**과 똑같은 모습이지만 **잔금없이 매끈하며 깊은 선이 끊기지 않고 발달한 모습인데,** 이런 경우에는 매우 상식적이면서 독선적입니다. 마음속에 있는 말을 서슴없이 하여 상대방에게 상처를 주는 사람입니다.

하고 싶은 말이 있다면 한번 걸러서 하는 연습을 하는 것이 좋

겠습니다. 두뇌선도 직선형인데 혼자 있기를 좋아하며 고독을 즐기는 사람일 수도 있습니다.

❸ 손바닥을 횡단하는 듯한 감정선은 감정이 매우 지배적입니다. 직장에서든 가정에서든 자신의 뜻이 어긋나면 감정을 표출하며 자신이 우두머리가 되어야 합니다.

험한 일을 하는 사람들을 다스리는 직업에 잘 어울릴 수 있지만 손의 모양새가 물질형의 손에 나타나야 한다는 것입니다. 만약 정신형의 손에 나타난다면 상당히 많이 감정에 지배당합니다. 안 되는 것을 알면서도 억지를 부리는 사람일 수도 있습니다.

직선형 감정선을 가진 사람들의 최고 장점은 솔직하다는 것입니다

③ 아래로 향하는 감정선 _ 조용함.. 감정적.. 우울.. 맹목적.. 고집.. 개성

부드러운 듯하나 자존심이 강해 타인과의 동조가 어렵고 자신의
성향만 고집하며 우울감을 많이 가지고 있습니다.

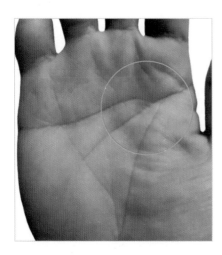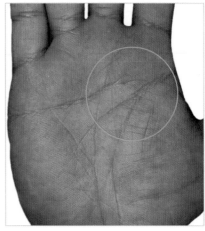

하향하는 감정선은 대체적으로 조용하고 부드러운 사람이 많습니
다. 명랑함과는 다소 거리가 멀고 혼자서 고독을 즐기는 사람도 있
는가 하면 보편적으로 말수가 적은 사람들이 많고 자기만의 개성
이 뚜렷하며 고집이 있습니다.

자신의 사고가 옳다고만 생각하는 사람이 많으며 맹목적으로 자
신의 생각 위주로만 행동하는 경우도 있어 타인의 생각은 안중에
도 없는 사람이 있습니다.

마음의 상처를 받으면 오래도록 가지고 사는 사람이 많은데, 대
표적인 것이 이성관계에서의 상처로 인해 다시는 이성과의 교제를
하지 않겠다는 사람이 많으며 두려워한다는 것입니다. 이러한 경

우는 내면의 상처를 잘 어루만져 주어야 합니다.

하향하는 감정선이 두뇌선을 치고 생명선 안으로까지 발달한다면 내면적인 치유가 불가능할지도 모릅니다. 또한 감정선과 두뇌선이 만나는 것은 뇌의 활동에 충격을 주어 뇌졸중, 뇌경색 등을 유발할 수 있으니 각별한 주의가 필요합니다. 사람에게서 받은 상처는 사람으로 인해서만 치유되는 것이 아닌가 생각합니다.

감정선이 소지 아래에서 사슬 모양으로 생긴 사람은 저혈압이 많습니다. 저혈압으로 인해 몸의 신진대사가 떨어져 다른 선들도 약하게 발달하는 모습을 많이 보게 됩니다.

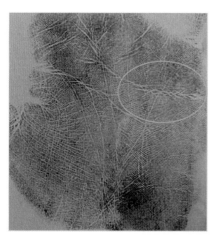 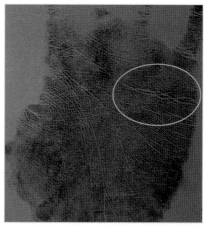

혈압이 낮다는 것은 체온이 떨어져 있는 사람을 말하며, 손발이 차고 소화기도 약해 음식물의 영양분을 잘 소화시키지 못하니 건강에 리듬을 망치는 주요 원인이 아닐까 합니다.

우리 몸은 36.5도가 소화를 시키는 데 최적온도라고 합니다. 그런데 저혈압이 되면 체온이 떨어져 소화불량이 되고, 소화를 잘 시키지 못하면 피가 탁해져 오염이 된다고 합니다. 우리 몸은 동맥과 정맥이 1%, 미세혈관과 모세혈관이 99%를 차지한다고 합니다. 몸 전체가 혈관이라고 봐도 무방한데, 혈액이 잘 공급되지 않는다면 만병의 근원이 될 것입니다.

저체온으로 소화기능이 떨어져서 오는 초기증상으로는 변비, 설사, 편두통, 만성피로, 수면장애 등이 있습니다. 이것이 병적으로 진행된다면 고혈압, 당뇨, 심·혈관계에 이상이 생깁니다. 그러므로 감정선이 소지 아래에서 사슬 모양을 가지고 있다면 미리미리 건강을 챙기는 것이 좋지 않을까 합니다.

신진대사를 활발하게 하기 위해서는 반드시 유산소 운동을 할 것을 추천드립니다.

> ### ◑ 아래로 하향하는 감정선
> 아래로 하향하는 감정선은 검지 아래나 중지 아래 어디서 꺾이는가에 따라 다양한 견해가 많습니다. 하지만 필자는 아래로 하향하는 선을 한 가지로 통일해서 봅니다. 급성, 급사, 자살 등과 같이 극단적인 것과 관련시키는 경우가 많지만 필자가 보아온 바로는 극단성과는 거리가 멀다는 것입니다. 필자만의 개인적인 해석 방법이니 참고하시기 바랍니다.

이중 감정선은 상당히 많은 형태로 나타나는데, 추가적인 선이 손가락 쪽으로 올라가 있으면 감정적이고, 손바닥 아래쪽으로 내려가 있으면 이성적인 사고가 깊습니다.

이중 감정선은 말 그대로 이중성을 띄는 감정을 말하며, 모양새에 따라 감정기복이 심하고 변덕이 죽 끓듯 합니다. 그리고 이성과의 교제에서 많은 문제가 발생하는데, 그 이유는 상대가 비위를 맞추는 것이 까다롭고 힘들기 때문입니다.

이중 감정선은 감정과 감수성이 풍부하여 예술적인 분야에 특별한 재능을 보입니다. 창작, 미술, 음악, 공예 등에서 사람들을 매료시키는 매력적인 사람입니다.

선의 모양새에 따라 어떤 사람들은 히스테리적 신경질을 많이 내는 사람도 있는데 이를 **심리적 불안증세 신경증**이라고 합니다. 즐겁게 놀다가도 갑자기 우울해지고, 침체되어 있다가도 밝아지는 등 감정이 시시각각 급변하는 사람입니다.

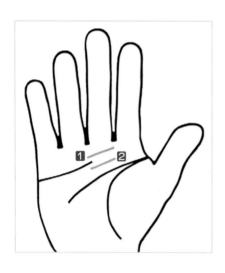

1 감정선이 위로 나타나는 사람은 감정이 앞서는 사람으로, 예민하고 민감하며 신경질적인 사람일 수 있습니다.

2 감정선이 아래로 나타나는 사람은 감정보다 이성이 앞서며, 사람과의 대인관계를 별로 신임하지 않을 수도 있습니다.

다음은 이중 감정선 중 가장 이상적인 선이 아닐까 생각합니다.

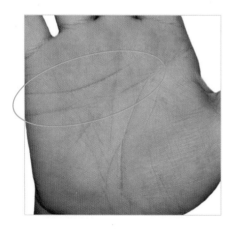

기본 감정선 아래에 직선으로 나타나는 감정선은 매우 이성적이며 솔직한 사람입니다. 사회적 지위도 꽤나 높은 사람을 많이 보았고, 대인관계도 상당히 좋은 사람들이었습니다.

이러한 이중 감정선을 여성이 가

지고 있다면 사회적으로 큰 성공을 거둘 수 있는 능력자가 아닐까 합니다. 하지만 가정적으로는 지켜본 바가 없기에 뭐라 말씀드리기 어렵습니다. 어쨌든 이중 감정선이면 변덕스런 이중적인 성향을 보인다는 것입니다.

> 이중 감정선은 곡선의 부드러움과 짧은 직선의 날카로운 성격을 모두 가지고 있습니다

다음은 극과 극을 달리는 이중 감정선**의 예입니다.**

한 선은 위로 향하고, 한 선은 구부려져서 직선으로 향하는데 부드럽고 상냥한 면이 있으면서도 또다른 강하게 발달한 직선의 감정선이 있어 매섭고 날카롭게 독주하는 모습입니다.

금성구도 상당히 부풀어올라 있고 생명선의 활력과 열정도 강하며, 독립적 두뇌선이 많이 떨어져 있어서 마음에 해가 떴다 비가 왔다가 하는 것처럼 일교차가 매우 심해 천방지축 멋대로 행동하는 타입입니다. 또한 천재 아니면 바보, 둘 중의 하나입니다.

이러한 감정선은 역동적인 운동을 통하여 강렬한 에너지를 잠재워야 합니다.

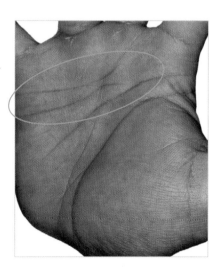

다음은 이중 감정선의 좋지 않은 모습입니다.

감정선이 덧칠된 듯하게 발달되어 있다면 내면의 불안정을 의미하며, 감정선이 흐트러져 있는 사람은 대개 두뇌선도 안정적이지 않은 모습을 많이 하고 있습니다.

스스로의 감정이 극에 달해 매우 예민한 사람일 수 있으며, 정서불안이나 내성적인 성격을 지녔을 수도 있습니다. 싫증도 빨리 내며 새롭고 이색적인 것에 감성을 많이 느낄 것입니다.

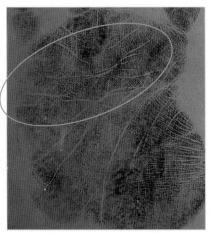

만약 주위 사람의 손금이 이러한 모습을 하고 있다면 말을 할 때 직설적보다는 돌려서 말하는 것이 좋습니다. 싫고 좋은 것에 매우 민감한 반응을 보이기 때문에 정곡을 찌르는 말을 하면 급변하는 태도를 보일 수 있습니다.

이성적이기보다는 지극히 감정적이기 때문에 자신의 감정을 차분히 가라앉히는 명상을 많이 할 것을 권유드립니다.

오지랖 감정선

오지랖선은 감정선과 하나가 되어 엄지손가락 방향으로 발달하는 선으로 약지와 소지 사이에서 나옵니다.

일반적으로 **비애선, 배신선** 형태의 **장애선**으로 이야기하지만 자신에게 그리 큰 상처를 주는 선은 아닐 것입니다.

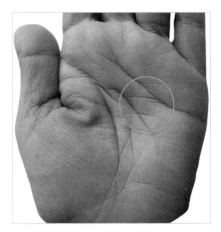
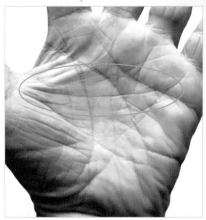

오지랖선은 지인, 친구, 가족, 친척 등 믿고 있던 사람에게서 엄청난 상처를 받는 선으로 **고통의 선**이라고도 합니다.

수상학은 미래로 가는 이 시대 최고의 신의 선물이 아닐까 생각합니다. 수상학을 보면 MBTI와 같이 너와 내가 잘 맞는 사람, 너와는 다른 사람 또는 어떠한 감정을 지니고 있는지, 올바른 사고를 지닌 사람인지 등을 알 수가 있다는 것입니다. 그 무엇보다도 자신을 돌아보고 반성하고 미래로 한 걸음 나아 갈 수 있는 최고의 선물인 것입니다.

손금을 보면 내가 왜 사람들에게 당하고 사는지, 나는 왜 이 모양 이 꼴로 살아지는지, 상대에 대한 상처와 배신, 고통과 눈물 등나를 힘들게 하는 모든 것들이 나타나 있습니다. 그것이 오지랖선이라는 것입니다.

오지랖선은 필자가 붙인 말인데, 손금에 대한 여러 정보를 보아도 그냥 배신선, 비애선, 장애선 등 고통과 상처라고만 나와 있을 뿐 그것이 왜 생겨나는지, 왜 이 선이 슬픔이고 고통인 장애선인지에 대한 답을 찾다가 내린 결과입니다. 수많은 상담과 여러 정보를 종합하여 깨달은 것이며, 더욱이 필자가 갖고 있는 선이었기에 더욱 더 궁금했던 것입니다.

오지랖선의 소유자는 사람을 좋아하고 거절하지 못하며, 헌신적이고 나서기를 좋아하며, 타인의 마음을 너무나 배려하여 싫은 소리를 잘 못하는 타입입니다.

오지랖선을 가지고 있는 사람들에게 '왜 이렇게 나서냐?' 하고 질문을 툭 던지면 모두가 하나같이 하는 말이 "힘들어 보여서, 같이 하면 빨라서, 불쌍해 보여서……."라고 합니다. 본인이 나서지 않아도 시간이 흐르면 되는 일인데도 너무 오지랖이 넓은 겁니다.

오지랖선이 있으면 해주고 욕먹고, 도와주고 싫은 소리를 듣는 사람이 많습니다. 이유는 간단합니다. 헌신적이고 거절을 못하며 나서는 성격이기 때문에 도와주고 욕먹고 배신당하는 것입니다. 그러므로 **행동하기 전에 다시 한 번 생각해 보시기 바랍니다.**

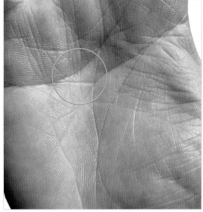

필자는 오지랖쟁이입니다. 나서기 좋아하고 도와주기 좋아하며 거절을 못하는 사람입니다. 필자와 친한 직원들은 필자를 오지랖쟁이라고 불렀는데, 그 말이 싫지는 않았습니다. 하지만 오지랖이 화가 된다는 것을 큰 일을 여러 번 겪고 나서야 깨달았습니다.

필자 나이 40세 때의 일입니다.

사회에서 만난 친구가 있는데, 그 친구는 조선소에서 처음 필자에게 일을 가르쳐준 사수로 일을 잘하고 성실하며 똑똑한 친구였습니다. 그 뒤로도 서로 연락을 자주하며 일을 소개해 주기도 하였습니다.

그러던 어느 날 그 친구는 같이 동업을 하자며 도와달라는 것이었습니다. 필자는 이미 그 친구의 관상과 손금을 본 후라 내심 불안했지만 거절하기가 힘들어 받아들였습니다.

시작과 함께 늘 "배신하지 마라!"고 수없이 강조했습니다. 모든 직원의 고용과 업무 지시와 직원들의 교육을 필자가 도맡아 하였습니다. 나서기 좋아하고 도와주기를 좋아하는 오지랖쟁이였으니까요.

회사가 안정세에 접어들 때쯤 그 친구는 금방 들킬 거짓말을 서슴없이 하며 이상한 행동을 하기 시작했습니다. 그는 자신이 소유하지 못하면 돌변하는 소시오패스의 기질까지 가지고 있었던 것이었습니다. 필자는 그 자리를 박차고 나왔고, 그 뒤로 인생이 꼬여만 갔습니다. 손금의 오지랖선이 삶에 이렇게까지 작용을 하나 싶은 생각과 함께 모든 사람들의 관계가 이질감으로 다가왔습니다.

그때가 바로 오지랖선이 두뇌선을 치는 40세 때입니다.

그리고 또 인생의 전환점을 맞이한 때의 생명선의 변화도 40일 때 나와 있다는 것입니다.

그러니 손금을 보고 미래를 점치기보다 자신의 내면을 알고 바로잡아가는 것이 현명할 것입니다.

오지랖선을 가지고 있다면 나서는 것을 주의하고, 맹목적으로 도와주기보다는 거절하는 법을 익혀야 할 것입니다

손금으로 보는 자기계발서

제6장
손금의 세로 3대선

부자 · 성공 · 명예 모든 꿈은 갈망에서 나온다

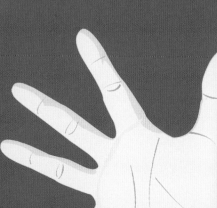

손으로 보는 인생통찰

세로 3대선의 기본 성향

손금의 세로 3대선은 갈망에서 나오는 선들입니다.

잘 살고 싶고, 안전하고 싶고, 부자가 되고 싶고, 성공하고 싶은 것은 모두 갈망입니다. 갈망이 현실이 되기 위해 필요한 요소는 실행력, 의지력, 끈기가 아닐까 합니다.

실행력은 운명선(현실선), 의지력은 태양선(인내선), 끈기는 사업선(노력선)을 봅니다.

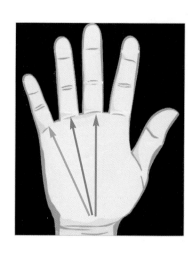

○ 현실선 ☞ 과거.. 현재.. 미래

○ 인내선 ☞ 자제력.. 행복.. 불행

○ 노력선 ☞ 발전.. 끈기.. 건강

제 6 장

세로 3대선은 자신의 희망과 꿈을 나타냅니다.

하지만 세로 3대선이 아무리 강해도 가로 3대선인 생명선·두뇌선·감정선이 약하면 몸에 활력, 패기, 열정, 의지력, 분별력, 대인관계, 교감능력 등의 에너지가 약해지므로 꿈의 실현은 그야말로 요원한 일일 것입니다.

세로 3대선을 읽을 때 각별히 주의해야 할 것이 있는데, 선들의 기세가 좋다고 해도 내담자가 불행하다면 불행한 선이 되고 편안하고 별 걱정이 없다고 하면 꿈을 현실화한 사람일 것입니다.

세로 3대선은 돈을 많이 벌고 부자가 되고 싶다라는 생각을 깊이 하면 인내선이 강해지고, 돈이 많아도 부족함을 느끼고 뭔가를 더 원하고 불안해 하면 인내선이 다시 약해집니다.

현실선은 운명선, 안전선, 목적선 등 여러 가지로 불리지만 자신이 현실에 맞게 진취성과 책임감을 가지고 안정을 찾기 위해 노력하는가를 먼저 되돌아보아야 할 것입니다.

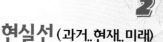

현실선 (과거.. 현재.. 미래)

_재능 : 책임감, 성실성, 진취성, 학문

현실선은 **운명선, 안전선**이라고도 합니다.

현실에 맞는 책임감·진취성·자아를 나타내는데, 필자의 경험을 살펴보면 진지함이 떨어지거나, 일을 시켜도 책임감 없이 행동하거나, 주체성이 없는 등 좋지 않은 모습을 보인 사람들은 대부분 현실선이 약하거나 지저분한 모습을 보였습니다.

현실선이 강한 사람들은 자신의 마음을 이끌어가며 안정을 찾기 위해 노력하는 사람이 많습니다. 또한 터전을 옮기는 것, 직업을 바꾸는 것과 같이 삶의 변화나 변동을 극도로 싫어하는 사람이 많습니다. 이러한 사람들은 미래를 내다보는 안목이 약하고 현실에만 안주하려는 경향이 강하여 시대의 변화를 잘 따라가지 못합니다.

7~80대 어른들은 대개 현실선이 상당히 강한 반면 요즘 젊은 사람들은 현실선이 그렇게 강하지 않습니다.

1970년대는 노동의 가치를 인정받는 2차 산업혁명의 시기였습니다. 공장에 전력이 공급되기 시작하면서 대량생산이 가능해지고 인력공급이 최고조를 이루던 시기였습니다. 농업이든 상업이든 할 것 없이 몸만 성하면 돈 버는 기회가 되었던 그 영향이 현실선에 미치지 않았나 하는 생각이 듭니다.

중지 쪽으로 직선을 그리는 현실선

자존심이 강하여 지기를 싫어하며, 책임감과 신념이 강하고 불굴의 의지를 보이며, 현실에 안주하기를 갈망합니다.

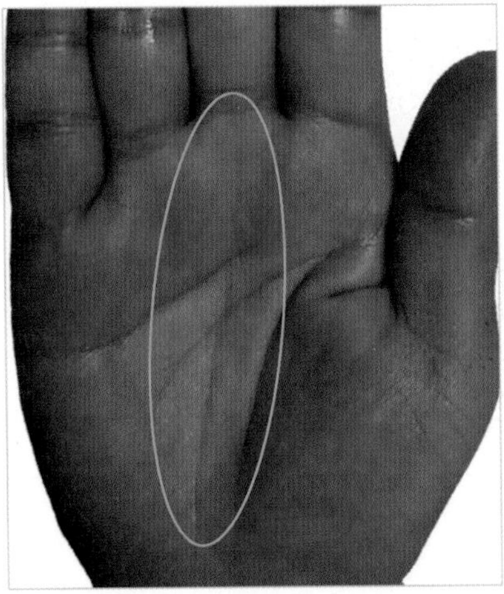

의식주와 직장에서의 변화와 변동을 극도로 싫어하며, 안정과 현실주의적으로 살아갑니다.

여자가 직선형 현실선을 가지고 있다면 삶이 고될 수 있습니다.

자신의 주관이 뚜렷하고 책임감과 성실함으로 인해 본인이 하지 않으면 불안한 증세를 보이기 때문에 자기 손을 거쳐야만 속이 편해지는 유형으로 볼 수 있습니다. 이런 손금은 사회적으로는 좋을지 몰라도 **가정을 지키는 데는 다소 어려움이 따를 수 있습니다.**

남자가 직선형 현실선을 **가지고 있다면** 책임감과 근면 성실함으로 성공을 기대해도 좋을 것입니다.

● **두뇌선 아래에서 멈춘** 현실선

30대 후반에 접어들면서 삶의 의지력을 상실한 모습입니다.

책임감과는 거리가 멀고, 앞에 나서지 않으려고 하며, 끼어들기는 잘할지도 모릅니다.

오른쪽 사진처럼 감정선이 목성구까지 발달하여 자신의 감정이 이끌려가는 것을 싫어하고, 인내선과 노력선이 없는 것으로 보아 어떠한 일을 주도하는 것에는 마땅치 않을 것입니다.

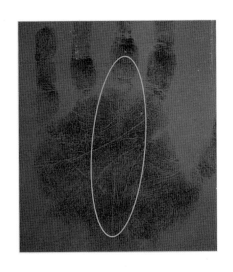

이러한 손금을 가진 사람과 동업이나 보증 등에 연루되면 좋지 않은 결과로 다가올 수 있습니다.

여자가 두뇌선 아래에서 멈춘 현실선을 **가지고 있다면** 오히려 가정의 화목에 힘쓰는 사람일 수도 있습니다.

하나에 집착하지 못하고 정서적으로 불안감을 나타낼 수 있습니

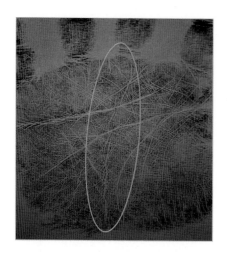

다. 환경의 변화와 변동이 많고 어릴 적부터 환경이 불규칙하거나 좋지 않았을 것으로 추정해 볼 만합니다.

인내선과 노력선도 약하고, 그마저도 없으면 내면적으로도 심리가 불안할 수 있으니 정신적으로 지탱할 만한 사람을 만나거나 뚜렷한 목표의식을 갖는

것이 좋습니다. 심리상담을 자주 받아 가며 마음의 안정을 찾는 것이 좋은 방법일 것입니다.

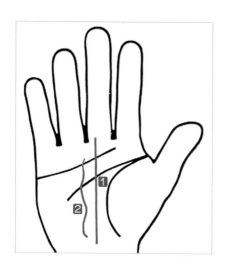

1 **현실선이 반듯한 직선형이라면** 의지력과 신념이 강하여 일을 잘 처리하고 믿음이 가며, 사회활동에 신뢰성이 가는 사람입니다. 반면 자존심이 상당히 강하다는 것이 단점입니다.

2 **구불구불한** 현실선은 인생에 있어 많은 파란을 맞이합니다.

아무리 열심히 해도 성과가 없고, 노력해도 장벽에 부딪치며 때로는 의지박약인 사람도 있습니다. 감정적인 사람이 많아 잘하다가도 감정을 주체하지 못하여 그만둬 버리는 고난의 길을 걷는 사람이 많습니다.

구불구불한 현실선을 가진 사람은 자신이 현재의 상황을 어떻게 처신하고 있는지 잘 돌아보아야 합니다.

◐ 월구에서 발달한 현실선

월구는 자신의 정신세계를 나타내는데 상상력, 창의성, 아이디어, 사교력과 자신의 재능으로 성공합니다. 지금까지 경험해본 바에 의하면 예술적인 방면에 재능이 있는 것은 분명하지만 그렇지 않은 사람들도 상당히 많았습니다.

월구 현실선의 소유자는 어릴 적부터 자유분방하게 성장하는 사람이 많으며, 하고 싶은 것 한 가지만 고집스럽게 합니다. 그것이 무엇이든 외곬수적으로 하는데, 노년기에 이르러서 굶주리는 사람이 많았습니다.

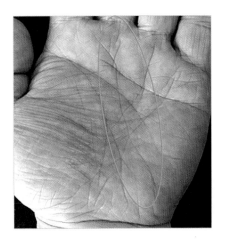

이와는 반대로 노년이 되면서 그 누구보다도 부와 명예가 따르는 사람도 많이 보았습니다. 집념은 성공을 부릅니다.

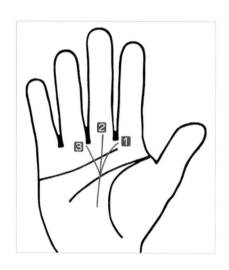

1 **목성구로 향하는** 현실선은 지배욕이 강한 야심가를 나타내며, 대범하고 커다란 야망을 꿈꾸는 사람입니다. 두뇌선, 생명선, 엄지가 잘 발달된 사람이라면 현명하고 분명한 사고로 사람을 이끄는 뛰어난 사람이 될 것입니다.

2 **모험과 도전보다는 현실을 직시하고** 살아가는 성실한 사람입니다. 자존심이 강하고 싫은 소리 듣기를 꺼리지만 책임감은 최고입니다.

3 **1**과 **2**가 육체적인 노동을 뜻한다면 **약지로 향하는** 현실선은 정신적인 노동을 즐기는 사람으로 약지의 성향을 강하게 가집니다. 상상력, 창의성, 예술성이 발달하고 대인관계 등 생활에 편안하고 화려함을 추구하는 사람입니다.

_제이지의 손금

출처 : 구글

제이지는 미국에서 활동 중인 가수 비욘세의 남편입니다. 2017년 자산이 2조 원이라고 밝혀 화제가 되기도 했던 그는 현실선이 3개의 분기로 발달하여 매우 현실적이며 실행력이 강하고, 창의적이며 예술적인 기질이 강한 음악인으로 성공한 사례입니다.

사진처럼 가로 3대선과 세로 3대선의 기세가 모두 완벽하게 조화를 이루고 있습니다.

◑ 제이지

역사상 최고의 래퍼 논쟁에 절대 빠질 수 없는 인물이며, 사업가로도 어마어마하게 성공한 인생의 승리자이다. 단명한 비기의 뒤를 이은 진정한 동부힙합, 뉴욕의 왕. 지금은 나이 때문에 (특히 흡연 때문에 떨어진 폐활량) 과거 The Blueprint 시절 같이 엇박과 정박을 넘나드는 재치 넘치는 래핑을 보기는 힘들지만 그의 전성기는 그를 힙합업계의 대표 거물로 올려놓기에 부족함이 없었다.

◉ 현실선의 강한 기세와 가로 3대선의 승쾌선(일자 손금)

이 손금의 주인공은 부동산 분양업을 하는 여자분으로, 한번 목표를 정하면 모든 에너지를 쏟아 붓는 의지와 집념이 대단한 손금

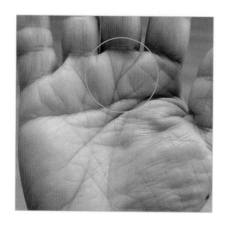

이라고 할 수 있습니다.

여성의 손금 기세가 이처럼 강할 때는 상당한 재력가이며 사회적으로 명예와 성공이 따를지 모르겠지만, 가정적으로는 어려움을 겪을 수도 있습니다.

연애를 할 때에도 연상보다는 연하가 잘 어울릴 수 있습니다.

◉ 자수성가형 현실선

생명선에서 발달한 현실선은 어릴적 환경이 어려웠던지 억제된 삶을 산 사람이 많고, 자기실현 욕구가 강하게 나타납니다.

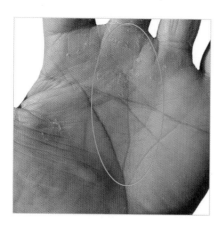

자수성가형 현실선에 대한 해석은 수없이 많습니다. 하지만 그러한 해석의 정보들이 맞는지 동서양에서 나온 모든 이론들이 아직 필자를 설득시키지 못했습니다. 필자가 느끼고 깨달은 것은 자기실현의 욕구가 강하다는 것입니다.

베인 교수는 103명의 학생들에게 5가지 항목이 담긴 설문지를 제시하여 이 가설을
시험했습니다. "예"라는 답은 그 사람이 어린 시절에 경험한 '제한'의 한 형태로
간주되었습니다. 또한 손에 '운명선'을 식별할 수 있는지 여부를 물었습니다.
연구 결과(테이블 D-2 참조) 손 분석가의 가설이 확인되었다는 것을 보여줍니다.
'생명선'과 관련된 '운명선'을 가진 많은 사람들이
실제로 '어린 시절 제한'을 경험했다는 증거가 입증된 셈입니다.

	연결된 선	끊어진 선	분류되지 않음
하나 이상의 항목에 '예'	20	7	17
모든 항목에 '아니오'	7	16	36

D-2

_http://www.handresearch.com 〈퍼옴〉

로완베인 명예교수는 MBTI 감각의 심리형 이론, 카운슬러 교
육 훈련 등 30년 이상 심리학의 3가지 주요 영역에 대해 가르치며
조사하고 논문을 썼습니다. 베인 교수는 영국의 철도, 런던 시 및
BBC를 포함한 많은 단체와 협력하였고, 18권의 책과 150권이 넘
는 기사 및 논문을 출판했습니다.

이는 어떠한 정보보다 믿음이 가고 설득력 있는 정보이며, 필자
또한 자수성가형 선을 가지고 있습니다.

자수성가선이 생명선과 멀어지면 멀어질수록 개방적인 삶을 살아 가고,
생명선과 가까우면 가까울수록 제한적인 삶을 살게 됩니다

◐ 생명선 안으로 들어갔다가 나오는 현실선

생명선을 걸쳐서 나오는 선은 아동기에 불행을 겪은 것으로 가족과의 이별이나 불우한 가정환경 등 가장 좋지 않은 모습을 나

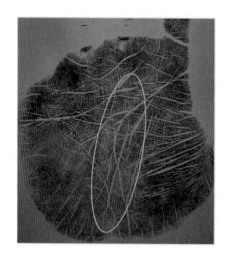

타냅니다. 유년기 때부터 일반 사람들과는 다른 성장 과정을 거치며 살아왔다고 할 수 있으며, 환경이 제한적인 자수성가와는 다른 불우한 환경의 삶을 산 사람 또는 타인의 손에 길러진 사람 등에게서 볼 수 있습니다.

생명선과 멀어질수록 개방적인 삶을, 생명선과 가까울수록 제한

적인 삶을 사는 모습을 보입니다. 잘 살고 못 사는 것이 아니라 억제된 삶을 말합니다. 자신의 뜻대로 되지 않는 사람인 것입니다.

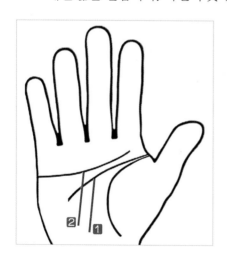

1 현실선이 두뇌선에 가로막혀 사라진 사람은 결단력, 의지력 등 사리분별력이 떨어지고 생각이 깊지 못한 사람입니다.

두뇌선을 지나는 나이는 40세이며, 그 전후로 의욕상실과 좌절을 크게 겪을 수 있습니다.

2 **현실선이 감정선을 넘지 못하고 막혀 있다면** 매우 매정하거나 소극적 또는 냉소적인 사람으로 대인관계에서 오점을 남기는 사람입니다. 감정선을 넘는 나이는 50세이며 50세부터는 인생관이 바뀌어야 하는데, 이성적 사고보다는 감정적으로 사람을 대하게 되므로 마음을 좀 더 열어야 하겠습니다.

노후를 맞이하여 가진 것이 변변치 않아도 여러 사람들과 대인관계가 좋다면 멋진 인생을 산 사람이 아닐까 생각합니다.

1 **현실선이 두뇌선에 막혀 있는 사람**은 과거에 얽매입니다.

젊은 시절에 운수업을 하면서 지역을 대표할 정도로 물질적인 지주였지만 사업이 망하면서 지금은 별볼일없이 살고 있는 60세 중반의 여자분이 있습니다. 하지만 현재의 처지를 받아들이지 않고 본인이 왕년에 이런 사람이라는 말을 입에 달고 다니며, 그때의 성향을 버리지 못하고 사납기도 하며 주위 사람들과의 다툼도 끊이지 않습니다. 돈이 없음에도 불구하고 예전에 쓰던 것처럼 쓰고 다니며 허세를 부립니다.

이와 같이 현실선에 두뇌선이 막히게 되면 매일 과거 타령만 하며 살이 갑니다.

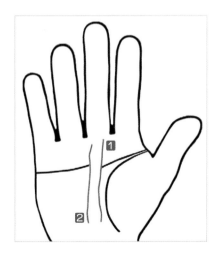

2 현실선이 감정선을 막아버린 사람은 타인을 받아들이지 못하는 유형입니다. 명랑할 수도 있고, 냉정할 수도 있으며 타인의 감정을 전혀 읽지 못합니다.

30대 후반의 직원 두 명이 이러한 모습을 하고 있었는데, 두 사람 모두 일은 잘했지만 감정 교류가 전혀 되지 않았으며, 자신만의 세계에 꼭 갇혀 사는 느낌이 들었습니다. 활발한 성격을 가지고 있었으며 늘 웃는 모습만 기억에 남습니다.

확실히 느낀 점은 현실선이 강한 사람은 책임감이 강하고 부지런하며 성실한 사람입니다. 반대로 강하지 않은 사람은 느슨한 사람이라는 것입니다.

필자는 생명선 안쪽에서 걸쳐 나오는 현실선과 자수성가형 현실선 두 가지를 모두 가지고 있습니다.

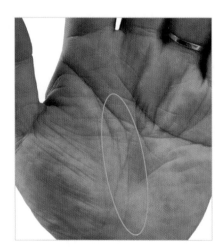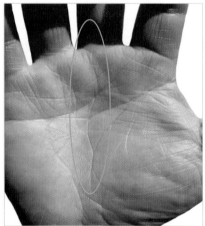

필자는 6세에 보육원에 맡겨졌으며, 타인의 손에 길러져 성장하였습니다. 양손에 자수성가형 선을 가지고 있다 하여 잘 살거나 부자가 된다는 보장은 아니며, 남들과 다른 삶을 살아온 사람이 많다는 것입니다.

자수성가형은 자신이 스스로 인생을 개척해야 하거나 가족의 통제가 심하여 억제된 삶을 사는 사람이 많으며, **자수성가형 현실선을 가진 사람**은 성격이 주도적인 것을 알 수 있었습니다. 타인에게 이끌려가기를 싫어하며 개인적인 성향이 강하게 나타납니다. 그래서 자신 스스로가 인생길을 개척해야만 직성이 풀리는 사람이 아닐까 합니다.

현실선이 양손에 모두 휘어져서 발달한 모습을 하고 있다면 극과 극을 달리는 성격을 보입니다. 때로는 투쟁적이고 성실하며 열심히 살지만, 정신적으로 나약함을 많이 보여 금방 지치고 좌절하기를 반복합니다. 또한 성사되려던 일도 망치게 되고, 마음을 먹으면 작심삼일이란 말이 무색할 정도로 의지가 약한 모습으로 한 마디로 의지가 박약합니다.

> 현실선이 구불구불하게 발달한 사람은 자신의 내면을 잘 살펴보아야 합니다

3 인내선 (자제력..의지..불행..행복)

_재능 : 예술, 예능, 창의, 사교

인내선은 자신의 의지와 자제력을 나타냅니다.

인내선은 **태양선, 재물선, 예술선, 노력선, 성공선** 등으로 불리지만 필자가 느끼고 깨달은 것은 의지와 자제력이 더 어울립니다. 손금 중에 가장 쉽게 변하는 것이 인내선인데 내면적 불안감과 우울함, 현재의 마음가짐 등에 따라 변하게 됩니다.

짧게는 주 단위로 변하기도 하고, 변하지 않을 수도 있습니다. 컨디션에 따라 변하기도 하고 자신의 사고가 어떤 식으로 움직이는지에 따라 변하게 된다는 것을 알게 되었습니다.

태양구는 자신의 정신세계를 표현하기에 장애선을 열정선 또는 향락선이라고 합니다. 다음의 사진들은 필자의 변화된 태양선의 모습입니다. 2021년 9월 9일의 사진을 보면 진했던 태양선은 사라졌으며, 손금 전체의 기세가 약해진 상태입니다.

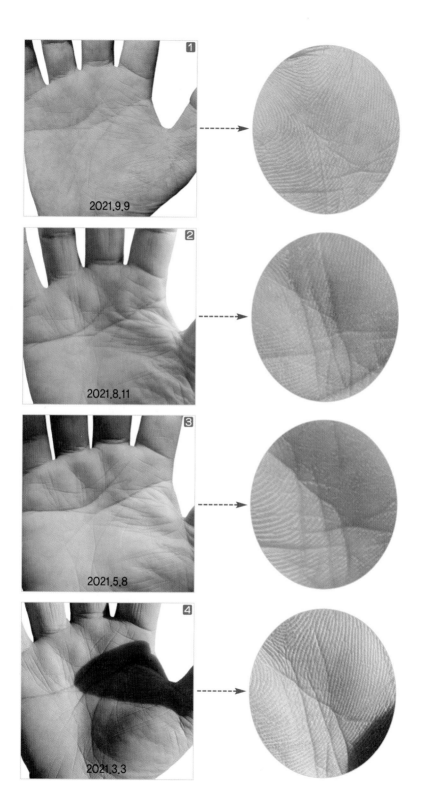

1   2021.9.9

2   2021.8.11

3   2021.5.8

4   2021.3.3

정신력이 약해지면 열정선(217쪽 참조)이 잘리고 사라지게 됩니다. 필자는 지금 여러 잡다한 일들 때문에 마음이 싱숭생숭한 지경이라 의지가 약해져 열정선이 사라진 듯합니다.

하루에도 여러 번씩 필자의 마음이 크게 요동치고 있지만, 필자는 수상을 보고 직업을 택해 왔으며 또 그것을 믿습니다. 수상은 필자의 사고력을 일깨워준 분명한 길잡이이기 때문입니다.

스스로의 마음이 궁금하다면 인내선을 주의 깊게 살펴보시기 바랍니다. 만약 현실선과 노력선이 약한데 인내선만 강하게 나타나 있다면 욕심을 버리고 마음을 비워야 할 것입니다

인내선은 빈곤하거나 잘 사는 것과는 거리가 멀다는 것을 분명히 인식하였으며, **인내선이 없는 사람**은 사교, 예술, 감수성과는 거리가 멀고 무뚝뚝하며 냉정합니다. 또 사람과의 관계에서 먼저 나서서 즐거움을 주는 사람이 없다는 것을 알았습니다. 인내선이 없는 사람이 직선형의 두뇌선과 감정선을 가졌다면 늘 혼자 고독을 삼키며 쌀쌀맞고 독선적이며 매우 주관적인 사람이었습니다.

인내선이 강하게 발달한 사람은 대인관계가 친화적이고 명랑하며 희망을 안고 사는 사람입니다. 단점으로는 사람의 감정 교감이 활발하여 타인으로 인해 밝아질 수도 있지만 우울하고 눈물을 흘리는 날이 많아질 수도 있습니다.

다음 사진은 인내선 중 가장 훌륭한 선에 속합니다.

필자는 지금까지 이러한 인내선을 본 적이 없습니다. 사라 베르나르가 지니고 있는 인내선은 행복, 성공, 명예, 예술 등 부귀영화를 누릴 상이라고 합니다. 강한 직선의 인내선은 곧 예술로써 바로 그의 삶입니다.

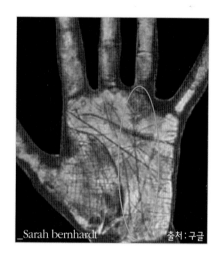

_Sarah bernhardt   출처 : 구글

대체로 **인내선이 강한 사람들은** 내면의 만족을 위해 노력하는 타입으로 욕심쟁이가 아닐까 생각합니다.

실제로 사라 베르나르는 욕심이 상당히 많았다고 합니다. 또한 지기를 싫어하고 집착이 심하며 지배욕이 상당했다고 하는데, 목성구 두뇌선과 검지의 발달이 더욱 더 그러한 성향을 강하게 만들었던 것이 아닐까 합니다.

◉ **사라 베르나르**

프랑스의 연극 배우인 사라 베르나르는 1870년대 유럽 무대에서 명성을 쌓았다.
영화의 역사 초창기에 여러 편의 영화에도 출연하여
유럽과 미국에서 19세기 가장 유명한 여자 배우로 평가되었다.
그녀는 매우 극적인 연기를 펼쳐 '여신 사라' 라는 별명으로 불렸다.

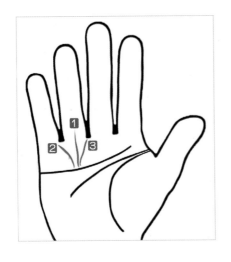

1 예술, 예능, 사교적 감수성이 강하며 사람들과의 관계에서 감정이 지배를 합니다.

보통의 직선으로 나타나 있는 사람은 사람들과의 교감에서 민감하게 반응하며, 행복함과 우울함의 감정 편차가 매우 크게 나타납니다.

오히려 **인내선이 없는 사람**은 감정의 기복이 없고 쌀쌀맞다는 느낌을 주는 경우가 많습니다.

2 **수성구의 성향을 많이 받으며** 실리적·물질적인 면을 많이 보입니다. 소지 손가락의 생김이 굴곡 없이 반듯하며 가늘고 길면 사람과의 관계에서 수완이 좋고, 굵고 큼직하면 상업·사업·장사 등에 능통한 사람입니다.

3 **인내선이 중지 쪽으로 향한 사람**은 검지의 자아 세계가 강하게 나타납니다. 그리고 연구를 좋아하거나 신비주의자, 교육자, 학자 등의 차분하고 조용한 내성적인 사람으로 우울감을 안고 사는 사람일 수도 있습니다.

◐ 생명선에 붙어서 나오는 인내선

자수성가와 같은 의미이며, 스스로가 인생길을 개척하는 사람입니다. 재산을 물려받는다, 좋은 배우자를 만난다는 등 여러 정보들이 있지만 사실은 자신의 힘으로 기반을 다진 사람들이 많습니다.

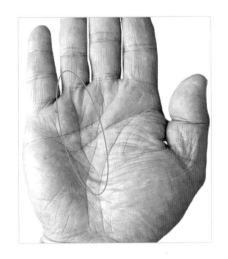

오른쪽 손금의 주인공은 물류업을 하시는 분인데, 스스로의 힘으로 모든 것을 일구었습니다. 상상력과 창의성과는 거리가 먼 매우 현실적이며 끈기가 강한 분입니다.

손금 중에 허위정보가 가장 많은 것이 인내선이 아닐까 합니다.

◐ 제2 화성구에서 나오는 인내선

귀인선, 인내선, 끈기선 등 여러 명칭이 있습니다. 흔히 귀인선이라고 많이 알려져 있지만 귀인선보다는 인내와 끈기선이 더 적합한 표현이 아닐까 합니다.

인내선은 자제력과 의지력을 나타내는데 제2 화성구의 인내

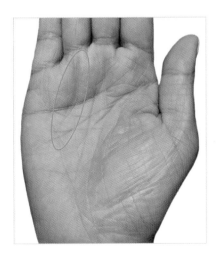

선을 가지고 있다면 버티기의 달인, 투쟁이나 경쟁심의 달인일지도 모릅니다. 보통사람들보다 침착하고 자제력이 강하며 참고 버티는 인내력이 강합니다. 목표의식도 확실하여 진행하는 일에 있어 누구보다도 성취감을 만끽할 수 있는 사람이 아닐까 합니다.

세로 3대선의 기세나 현실선의 기세가 약하거나 제2 화성구의 발달이 약하다면 투쟁과 끈기가 약해 오히려 소심하고 소극적인 사람이 될 수도 있습니다. 제2화성구의 살집이 쭈글쭈글하거나 푸석한 느낌이면 미발달한 것이고, 제2화성구의 자질이 부족한 것입니다.

1 **두뇌선에서 발달한 인내선**은 창의성과 상상력을 동원한 기발한 아이디어로 남들과 다른 특이한 직업에서 삶의 질을 변화시킬 수

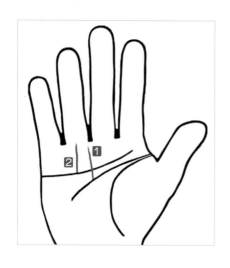

있는 사람입니다. 하지만 두뇌선과 현실선의 기세가 약하다면 자신의 뜻을 실행시키지 못하는 소극적인 사람일 것입니다.

2 **감정선에서 발달한 인내선**은 사교성이 상당히 좋은 친화성을 보여줍니다. 사람들의 평판이 좋으며 감성이 풍부하여 서비스를 제공하는 직업에 잘 어울리는 사람이라 할 수 있습니다. 하지만

감정선의 형태가 약하다면 감정에 많은 지배를 받기 때문에 감정의 기복을 잘 다스려야 할 것입니다. 감정만 잘 다스린다면 명예도 덩달아 따라 올 것입니다.

두뇌선과 감정선에서 나오는 인내선을 가지고 있을 경우 자신의 사고력을 잘 관찰하여 직업을 택한다면 누구보다 좋은 직업을 갖게 될 것입니다.

■1 깊고 예리하며 선명한 인내선은 재능, 창의성, 상상력이 많고 인정 많은 전형적인 예술가 타입입니다. 자신의 재능과 끼를 발휘하여 말년의 여유로움과 행복을 누릴 수 있을 것입니다.

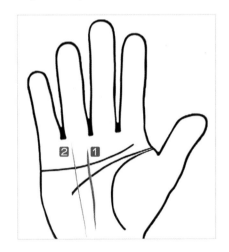

다만, 직선을 그린다면 다소 이기적이고 욕심 많은 사람이 될 수 있으니 인정을 베풀며 산다면 이름 석 자 남기고 가는 사람이 아닐까 합니다.

■2 얇고 예리한 인내선을 가진 사람은 창의성이나 독창성은 떨어지지만 모방의 천재일 수도 있으며, 미적 동경심이 강하게 나타나 아름답고 화려한 것을 좋아합니다.

◐ 구불구불하게 올라가는 인내선

이러한 손금을 가진 주인공은 삶이 매우 느슨한 사람일 수 있으며, 재능은 있지만 자신을 억제하고 인내하는 의지가 결여된 사람일 수도 있습니다.

재능은 있지만 재능을 살리지 못하고 정신세계가 헤픈 사람일지도 모릅니다. 또한 화려한 것을 좋아하며 금전적인 면에서 흥청망청할지도 모릅니다.

인생에서의 파란이 많아 삶의 굴곡이 심한 것을 나타내기 때문에 이러한 선을 가진 사람들이라면 자신의 내면을 돌아볼 필요가 있습니다. 그러면 자신의 정신세계가 얼마나 나약하고 인내심이 약한 사람인지 단번에 판단할 수 있을 것입니다.

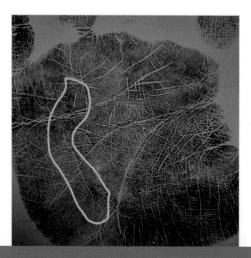

구불구불하게 올라가는 인내선의 소유자는, 자신을 알고 돌아본다면 열심히 노력하여 중년 이후에 큰 결실을 맺을 것입니다

● 많은 잔선들로 되어 있는 인내선

인내선이 많은 잔선들로 되어 있는 모습은 재능이 많은 것이 문제입니다. 재주가 많으면 굶어 죽는다는 말이 있듯이 선들이 깊지 않고 많이 있으면 어디서부터, 무엇을, 어떻게 해야 할지 시작도 못하는 사람일 수 있습니다. 아니면 이것저것 찔끔 찔끔하는 식으로 하나에 집착하지 못하고, 끈기와 인내심이 결여되어 싫증을 느껴 빨리 그만 두는 사람이기도 합니다.

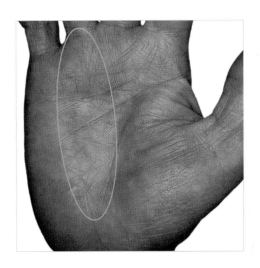

인내선이 많은 경우는 재능은 많지만 하고 싶은 것을 한 가지 정하여 진득하니 인내심을 가지고 도전해 보는 것이 좋을 것입니다

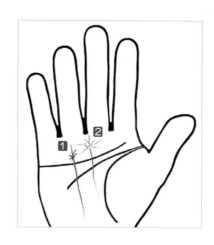

① 별 문양이 있다면 위 그림의 ① 과 같은 모양이어야 합니다

가운데에 중심점이 있어야 하고, 가지선이 5개 이상 나와야 하며, 짧고 명료해야 합니다. 그렇게 되면 아티스트적인 재능을 찬란한 빛으로 살리고, 총명하며 부와 성공을 명예롭게 거머쥘 수 있는 사람이라고 할 수 있습니다.

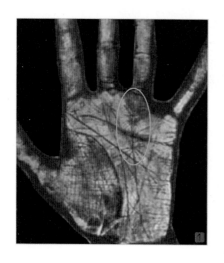

별 문양의 가지선들은 장애선들로 이루어지는데, 장애의 강도를 나타내는 것입니다.

왼쪽 사진과 같이 **인내선이 끊기지 않고 강하게 치고 올라간다면** 자신의 의지력과 강한 정신력을 바탕으로 성공을 거두는 사람입니다.

2 보통 별 문양이라고 하면 2와 비슷한 모습들을 가지고 있습니다.

그러나 이러한 모습은 별 문양이 아닌 장애선으로만 형성된 것입니다.

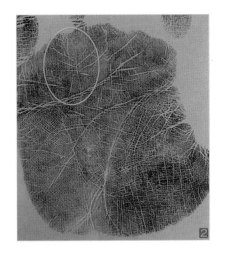

오른쪽에서 나오는 선들은 금성대인데 금성대도 장애선의 일종입니다. 이 선은 미美적인 동경이 강하여 나타나는 선입니다. 왼쪽에서 나타나는 선은 열정선이나 간장선으로 좋지 않은 장애선들입니다. 이러한 모습의 별 문양은 가정에서든 사회에서든 최악의 경우 파산까지 겪을 수 있습니다.

만약 이러한 선을 가지고 있다면 절제와 인내심을 길러 미래를 안정적으로 이끌 수 있도록 미리미리 다져 나가야 할 것입니다

위의 내용들은 손금의 정보 중에서도 가장 알고 싶어하는 것 중의 하나가 아닐까 생각합니다.

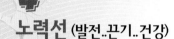

노력선 (발전..끈기..건강)

_재능 : 상업, 사업, 실업, 수완성

노력선은 **사업선, 건강선, 수성선**으로도 불립니다.

노력선이 강하면 강할수록 뚜렷한 목표의식을 나타냅니다. 뚜렷하다는 것은 건강의 이상신호로 보기도 합니다. 겉으로는 건강해 보여도 한 방에 안 좋아질 수 있다고 하며, 자신의 몸을 돌보지 않고 무모하게 활동성과 신념이 강해 성취하고 말겠다는 생각이 깊어서 그렇지 않나 싶습니다.

필자가 경험한 바에 의해도 노력선이 강한 사람은 건강이 모두 좋았습니다. 다만, 몸을 쉬어 가며 여유롭게 활동하라는 뜻으로 받아들여집니다.

노력선이 강하면 건실한 삶과 끈기, 차분하고 해결능력이 뛰어나며 두뇌선 또한 잘 발달되면 생각이 많고 의사가 뚜렷하며, 고집도 상당하고 문제를 해결하는데 협조적이라는 것을 깨달았습니다. 그리고 노력선이 강한 사람들은 대부분 부유하거나 내실이 튼튼하였습니다.

노력선이 **강한 사람**은 사업, 상업, 실업 방면에 야망이 크며 수성구의 성향이 강하게 나타납니다. 문제해결 능력이 상당히 뛰어나고 돈의 속성을 잘 아는 사람들이 아닐까 합니다.

다만, 노력선이 강하게 발달한 사람은 드물기에 좀 더 많은 임상 사례가 필요하다는 것을 말씀드립니다.

노력선이 **흐리거나 약하거나 좋지 않은 모습**을 하고 있을 때에는 분명히 건강에 이상신호가 있는 듯합니다. 그래서 모든 건강의 원천이 되는 노력선은 신뢰할 만한 가치가 있는 것 같습니다.

노력선의 가장 기본적인 건강지표는 소화기계통입니다.

소화기능이 잘 작동하지 않으면 수족냉증과 같이 몸의 신진대사가 잘 이루어지지 않습니다. 그렇게 되면 체온이 떨어지고, 체온이 떨어지면 몸의 혈액순환이 원활하지 않아 만병의 근원이 됩니다.

소화가 안 되면 피가 탁해지고, 피가 탁해지면 혈관이 오염되고, 그러면 저체온증이 생겨 면역체계가 무너지며 고혈압, 당뇨, 심혈관질환, 뇌혈관질환 등으로 이어질 수 있습니다.

노력선을 보고 스스로의 건강을 미리미리 챙긴다면 노년의 건강에 좋은 밑거름이 될 것입니다. 건강은 노력선과 함께 생명선과 손톱까지 같이 보아야 합니다 노력선이 강하게 발달했다는 것은 노력의 표상입니다. 금전에 대한 이해가 빠르며, 상업·사업과 같은 큰 일에 추진력과 끈기가 있습니다. 필자의 생각으로는 손금 중 가장 성공할 수 있는 지표가 아닐까 합니다.

강한 노력선은 아무리 건강해 보여도 한 방에 안 좋아질 수가 있다고 했습니다. 자신의 몸을 돌보지 않고 말과 같이 달리기만 하는 모습에서 그러한 이야기가 나오지 않았나 싶습니다. 하지만 노력선이 강한 사람은 선천적으로 소화기능이 뛰어납니다.

필자가 지금까지 상담한 사례로 보아서는 노력선이 강하면 지극히 건강한 사람입니다. 노력선이 없다면 지극히 단순함을 추구하는 사람일 것입니다

생명선에서 시작하는 노력선은 건강상의 이상 징표가 아닐까 합니다. 다음의 사진과 같이 노력선이 시작하는 시점부터 하향하는 잔선들과 감정선 아래 부위에서 크로스하는 X자 모양으로 보아 건강상 질병이 도사리고 있다고 봐도 될 듯합니다.

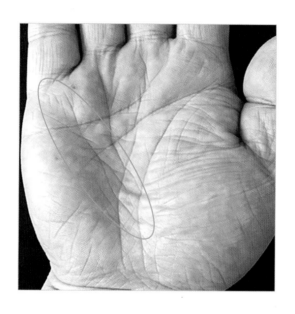

노력선으로 나타나는 건강 이상은 일반적으로 간질환, 정신질환, 신경계통, 소화기 등의 문제인데 노력선이 생명선에 붙어서 나오면 이상 신호가 배로 증가합니다.

또한 노력선이 교차하는 듯 구불구불한 모습이면 해독작용에 문제가 더 클 수도 있습니다.

필자의 노력선은 만성적인 것을 이야기해 주고 있습니다.

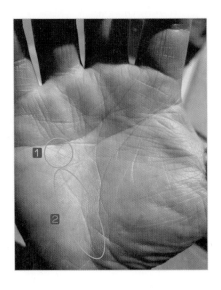

1처럼 감정선 아래에 크로스로 ×자 문양이 보이는 것은 정신적인 문제를 나타냅니다. 정신적인 문제라고 하면 주의산만이나 기억력 감퇴와 같은 증상들을 많이 보이게 된다는 것입니다. 감정선의 아랫부분에 이런 X자 문양이 있다면 평소 술을 많이 마시는지 생각을 해보아야 합니다. 알코올성 치매와 같은 증상을 보이는 수도 있습니다.

지금까지 필자가 자신을 관찰하고 깨달은 것은 술을 많이 마신다는 사실이었습니다. 술과 함께 술 문화를 즐겼지만 지금은 마시지 않으려고 노력 중입니다. 예전과 다른 증상을 많이 느끼고 있기 때문입니다.

술을 조금만 마셔도 금방 취하고, 얼마 먹지도 않았는데 기억을 못하는 정신적 이상 증세를 보인다는 점입니다. 이는 뇌 활동이 둔해지는 것이 아닌가 싶습니다.

술을 많이 마시든 어떠한 사고에서든 정신적인 문제가 뇌 신경에 많은 영향을 미치는 듯합니다. 주위 사람들과 필자를 관찰해 본 결과 대표적인 것이 술이 아닌가 생각합니다.

2의 손금 모습은 유전적 영향일 수도 있고, 불규칙한 일상으로 생길 수도 있습니다. 노력선이 넓게 퍼진 듯하고 다른 선들보다 굵으며 반듯하지 못한 모습입니다.

노력선이 **넓게 퍼진 것**은 몸의 강력한 이상 신호입니다. 병적인 것보다 만성적인 성향을 나타내는데, 소화기관이 매우 예민합니다. 때로는 소화가 잘 되는 듯하다가도 어떤 때는 물만 마셔도 체한 것 같은 증상을 느낍니다. 역류성 식도염도 심하고, 장에 가스도 많이 차는 등 많게는 하루에도 여러 번 장의 컨디션이 왔다갔다 합니다.

노력선이 **반듯하지 못하고 꺾이거나 구불구불하면** 몸의 해독작용에 문제가 생깁니다. 해독작용에는 간기능, 신장기능, 대장기능 등이 있으며 일상에서 나쁜 습관을 지닌 사람이 많습니다.

요즘 필자는 예전과 다르게 몸의 컨디션 회복이 느리고 소변도 자주 보게 됩니다. 일상생활도 불규칙하며 잠을 잘 이루지 못하여 하루 패턴이 엉망이 되기도 합니다.

45년 넘게 상담을 해온 엘렌 골드버그는 1968년에 사회복지사로 시작하여 심리학 석사학위를 취득(고다드칼리지, 1985년)한 후 맨해튼에서 전통과 영적 방법을 모두 결합한 개인 치료 실습을 시작했습니다. 이후로 그는 40년 동안 이 분야에서 진화하는 기쁨을 계속 맛봐 왔습니다.

그의 저서인 『손으로 읽는 예술과 과학』 578쪽에 보면 다음과 같은 내용이 있습니다.

> " 젊은 사람의 손에 웨이브 선이 보일 수 있는데, 이는 라이 증후군의 존재
> 가능성에 대한 조기 경보를 제공한다. "
>
> _https://schooloforacles.com

엘렌 골드버그의 정보에 나오는 웨이브란 구불구불한 선을 말하며, 이런 모습이 젊은 사람에게 보일 경우 그렇다는 것입니다. 이러한 것이 병적인 문제도 있을 수가 있다는 것을 알려드리기 위한 정보였습니다.

◑ 라이 증후군

라이 증후군은 간의 지방변성과 뇌의 급성부종이 특징적으로 나타나는 질환입니다. 연관된 증상으로는 갑자기 심하게 지속적인 구토와 간효소의 상승, 고암모니아 혈증, 의식저하, 경련 등이 있고 이런 증상들이 악화되어 생명을 위협하는 질환들로 악화됩니다.

네이버지식백과 라이 증후군[Reye's ssyndrome] (희귀질환정보)

노력선이 짧은 잔선으로만 이루어지면 삶의 기복을 많이 타게 됩니다. 변화·변동·싫증 등 무언가를 진득하게 하지 못하는 모습이며, 식습관이 좋지 않을 수도 있습니다. 특히 생명선을 가로지르는 선들이 있다면 대표적인 소화기 관련 장기인 위부터 시작해 물질대사 관련 장기들이 좋지 않습니다.

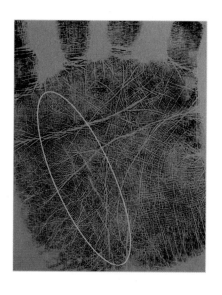

잔선들로만 발달한 사람은 일상생활도 규칙적이지 않은 사람일수 있습니다. 사진과 같이 월구와 제2 화성구의 수많은 잔선들, 감정선의 덧칠된 모습과 가로 3대선을 가로지르는 수많은 장애선으로 봐서는 생활습관이 좋지 않고, 현실선이 잔선으로만 이루어진 것은 끈기 없이 포기가 빠르고 변덕이 심할 것이라는 것을 보여줍니다. 잔선으로 되어 있는 사람은 생각이 많고 예민합니다. 차라리 없는 편이 속 편하고 잘 사는 사람일 것입니다.

노력선에 섬 문양이 있으면 인생의 큰 변화를 의미합니다. 사업상의 어려움이나 건강상의 문제가 야기될 수 있습니다.

다음의 사진과 같이 **두뇌선과 만나는 지점에 섬 문양이 있으면** 판단오류로 인한 손실을 나타내는데, 섬의 크기가 클수록 큰 파장을 불러옵니다.

두뇌선을 기점으로 위에 섬 문양이 있으면 몸통 상부 문제로 호흡기·기관지·가슴·위·소화기 등의 문제를 나타냅니다. 반대로 **두뇌선 아래에 섬 문양이 있으면** 하복부인 대장·신장·췌장·비뇨기·생식기 등의 문제를 야기합니다. 때로는 종양과 같은 문제로 발달하기도 하며, 사진의 녹색 표시 부분처럼 손바닥을 가로지르는 장애선은 위(胃)를 치는 모습입니다.

월구 상단을 가로지르는 모습은 소화기·위장이 좋지 않음을 나타냅니다.

수성구에서 노력선의 끝에 섬 문양이 있으면 자신의 뜻이 풀리지 않으며 억압받고 있을 가능성이 큽니다.

노력선이 강하다는 것은 끈기와 노력을 보여주지만, 끝에 나타나는 섬 문양은 구속과 속박으로 답답함을 나타내며 만성적인 신경증 같은 증세를 보이기도 합니다.

한 회사에서 오래도록 일을 하거나 공무원과 같은 사람에게 이러한 모습이 많습니다. 이는 자신의 재능을 엉뚱한 곳에서 허비하는 모습이라고 볼 수 있습니다.

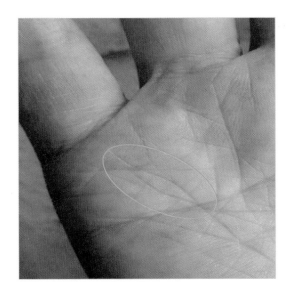

손에 나타나는 선들은 몸의 이상 증세와 자신의 사고력을 보여주는 것이므로 미리미리 확인하고 관리하는 것이 좋습니다

소지 손가락 아래의 수성구에 길게 세 가닥 이상의 선이 나란히 발달해 있는 사람은 인체를 탐구하는 것을 좋아합니다. 필자가 알고 있는 사람 중 두 명이 물리치료사를 하고 있으며, 간호조무사와 상담사 등을 하는 분이 많았습니다.

아래 사진 중에서 왼쪽은 필자의 손으로 어릴 때부터 사람 표정에서 행동까지 자세히 살펴보는 것을 좋아하였으며, 사람을 상대하는 것을 보람으로 느껴왔습니다.

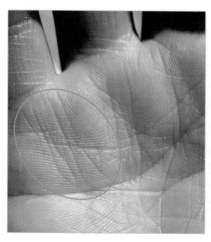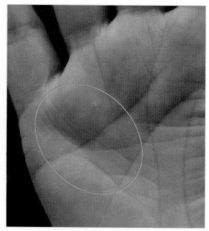

이러한 수성선을 가지고 있는 사람은 사람을 상대할 때 마음이 가볍고 기분이 좋아집니다. 의사, 간호사, 상담사 등 사람을 케어하는 일에 잘 어울릴 것입니다. 그러나 선이 강하지 않고 잔선으로만 약하게 있으면 사람에게 상처를 잘 받는 소심한 사람일 수 있습니다.

손금은 어떠한 것이든 장점과 단점이 존재하며, 세계 최고의 손금 분석가라고 할지라도 사람의 성향을 100퍼센트 맞출 수는 없습니다. 그러므로 손금 보는 것을 마음 치료의 도구로 활용하는 것이 좋습니다.

가로 3대선은 자신의 사고, 세로 3대선은 자신의 갈망을 나타내는 선들로, 사람마다 삶의 질이 천자만별로 나타납니다. 하지만 **노력선은 건강과 직결되는 것이라고 믿어도 틀림이 없습니다.**

노력선이 좋지 않은 모습은 대동맥의 이상을 가장 먼저 나타내는 것이라고 봅니다. 여기에다 손톱까지 부실하다면 거의 확실한 증거이므로 꼭 병원을 방문할 것을 권유합니다.

노력선이 구불구불하거나, 섬 문양이 있거나, 수많은 잔선들로 이루어져 있을 경우 꼭 손톱을 참고하시기 바랍니다

5
손톱

손톱은 손바닥 색과 일치해야 좋습니다.

건강한 손톱은 다음과 같습니다.

　_붉지 않아야 합니다.

　_흰색을 나타내지 않아야 합니다.

　_어떠한 굴곡이나 흠이 없어야 합니다.

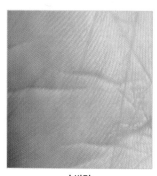

손바닥

손톱

두뇌선의 끝 부분 주위로 실선과 같은 많은 금들이 보이고, 손톱에 세로줄들이 나와 있으면 신경계통에 문제가 발생할 수 있습니다. 뇌혈관질환이나 만성적인 신경성질환에 예민할 수 있습니다. 몸이 건조하거나 관절염, 뇌경색과 같은 뇌와 관련된 질환들을 조심해야 합니다.

손톱의 가로선은 과거에 병을 앓았음을 나타냅니다.

손톱이 다 자라는 데까지는 보통 6개월이 걸린다고 하니 가로선을 발견하였다는 것은 이미 병을 치른 상태일 것입니다.

폭이 좁고 긴 손톱에 노력선까지 잔선으로 되어 있으면 기관지, 호흡기 천식 또는 활력이 떨어지고 면역력이 약하여 감기에 잘 걸리는 사람이 많습니다.

긴 손톱 ◐

폭이 넓고 길이가 짧은 손톱과 노력선이 강하게 발달된 사람은 끈기와

인내심은 강하지만 고집이 세고 드세며, 심장에 무리가 많이 가게 되니 심장질환을 조심해야 합니다.

○ 짧은 손톱

◉ 손톱 색깔

흰색	허약하고 선천적으로 건강이 좋지 않을 수 있습니다. 순환기 계통이 약하며, 노력선이 지저분한 모습일 때는 더욱 확실한 증거입니다.
푸른색	호흡기 계통이 좋지 않습니다. 푸른빛이 강하고 붉은 보랏빛 같은 것이 나타나면 즉시 병원을 찾아 가시기바랍니다. 몸의 혈액에 산소가 부족하다는 증거입니다.
노란색	몸의 해독작용에 문제가 있음을 알립니다. 담즙 과다 또는 간기능 문제이며, 노력선까지 꾸불꾸불 하다면 병원을 찾아갈 것을 권유합니다.

제7장

기타선·문양·유년법

손금으로 보는 자기 계발서

금성대

_매력, 교감, 감수성, 민감성, 화려함, 정신, 육체, 욕정

금성대는 여러 형태로 발달하는데, 그 사람의 내적 마음 상태를 나타냅니다.

보통 금성대는 깊지 않고 반듯하게 발달하지만 다양한 형태로 나타나기 때문에 그 사람의 진정한 속내를 알아내는 것은 매우 어렵습니다.

물질형의 손에는 잘 나타나지 않는데, 남성의 손에 금성대가 발달해 있다면 그 사람의 매력이 한층 더 뚜렷해집니다.

금성대는 보통 여성에게 많이 나타나는데 교감·신경·감수성, 예쁘고 우아하며 화려한 것을 많이 찾는 사람들에게서 많이 보입니다. 필자 또한 금성대가 강하며, 매력적이고 아름다운 것을 많이 좋아합니다.

여성은 남성의 멋진 몸매에 이끌리고, 남성 또한 여성의 아름다운 자태에 끌리게 됩니다. 촌스러운 것을 싫어하며 잠시라도 집밖에 나갈 일이 생기면 향수를 뿌리고 머리 스타일을 단정히 하고 나갑니다. 태양구와 월구까지 발달해 있다면 금성대의 특성이 한층 더 강해지며, 월구가 약한데 금성대의 선이 너무 강하거나 지저분한 모습을 하고 있다면 오히려 자기만의 성향이 강하게 묻어나 독특한 개인적 성향을 띄기도 합니다.

금성대, 감정선, 태양구가 조화롭게 발달한다면 예술적인 방면에 뛰어난 재능을 나타내기도 합니다. 색감, 리듬감, 강한 감수성, 감정이입이 좋아 멋진 아티스트가 될 수 있으며 아름다움과 즐거움을 동경하는 사람입니다.

금성대가 있는 사람 중 때로는 어둡고 때로는 밝으며 감정의 편차가 큰 사람도 있는데, 이는 어떠한 손에 어떠한 형태로 나타나는지에 따라 큰 차이를 보이게 됩니다. 금성대는 그가 어떠한 사람인지 자신만의 내면을 관찰하여 알 수 있을 뿐 타인이 쉽게 판단하기는 어렵습니다.

사람에 따라 육체적인 욕망이 강하게 나타나기도 하며, 매력적인 이미지에 스스로의 감정이 예민하게 반응하는 인간의 본성이 잠재되어 있기 때문입니다. 그래서 조금이라도 말을 잘못 전달하게 되면 매우 예민하고 민감하게 신경질을 부리거나 흥분도 잘하며, 내면의 본질을 살짝이라도 건드렸다가는 큰 화를 당할 수 있다는 사실을 꼭 명심하여야 합니다.

오른쪽 그림과 같이 **금성구가 약지까지 발달한 상태라면** 약지의 성향인 사교와 예술적 기질이 강하고 감수성이 풍부하며, 성적인 매력과 쾌락을 강렬하게 느끼고 그에 자극 받으며, 창조적이고 예술적인 기질을 강하게 가지고 있는 사람입니다.

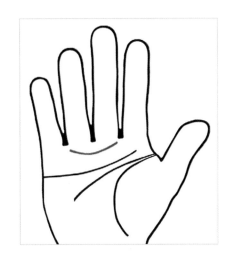

이성에 대한 호기심이 많고 감정적인 에너지가 넘쳐 에너지 배출구가 필요합니다. 환경에 민감한 성격이기 때문에 신경질적이며 손바닥에 주름이 많으면 많을수록 그러한 성향은 더 강해질 것입니다. 촌스러움을 싫어하고, 화려함을 찾고 즐기기를 좋아하는 사람일지도 모릅니다.

감정선이 검지 위까지 발달하고 태양구에 세로선도 잘 발달되어 있다면 사람들에게 호감을 사고 매력적이면서 관능적인 사람이 될 것입니다.

모든 금성대의 특징은 감수성이 풍부하여 슬픔과 기쁨을 크게 느끼기 때문에 눈물이 많습니다

가장 이상적인 금성대는 중지 아래에서만 깊지 않고 얇게 발달한 선입니다. 그렇게 되면 대인관계가 원만하며 부드러운 사람으로

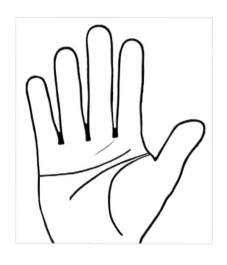

지적인 매력도 갖춰 자상하고 친절합니다. 교감능력도 뛰어나 이성에게 인기가 많은 사람이기도 할 것입니다.

금성대가 끊어지고 잔선들로만 이루어져 있거나 구불구불하다면 정서가 불안정한 사람이거나 상당히 상냥하며 부드러운 사람 또는 수

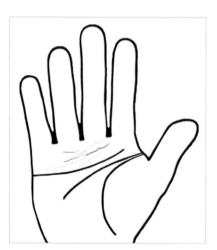

줍음이 많은 사람 중 하나일 것입니다. 부드러운 사람이든 아니든 환경에 민감하고 예민하여 스트레스가 많으며 신경질적인 것은 매한가지일 것입니다.

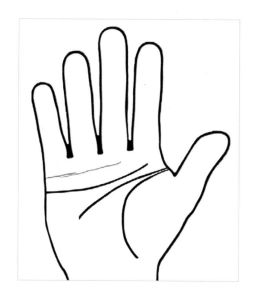

　소지 아래 수성구의 손날 쪽에서 나오는 선을 **결혼선** 또는 **애정선**이라고 합니다. **금성대가 이 선과 만나거나 수성구 쪽으로 침범한다면** 애정 관계가 힘들며 결혼생활도 불행할 것입니다. 하지만 사회적으로는 상당히 뛰어난 인재일 가능성이 큽니다.

　예술성이 뛰어나며, 연극과 음악 같은 실용적인 예능에 재능이 특출난 사람이 아닌가 싶습니다. 독특한 성향에 묘한 분위기를 연출하거나 특이한 취향을 가진 사람이 많고, 그러한 매력은 매우 감성적이며 사람을 끄는 매력이 있습니다.

　필자는 지금까지 이러한 손금을 지닌 사람을 보지 못했으며, 여러 공인들의 손금 정보만을 접하고 느낀 것이므로 정확하지는 않습니다.

_아르민반 뷰렌

출처 : 구글

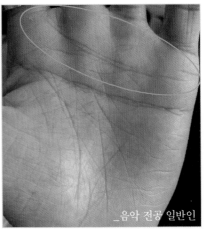
_음악 전공 일반인

　　음악에 조금이라도 관심이 있는 사람이라면 누구나 알 정도로 아르민반 뷰렌은 유명한 프로듀서입니다. 현재까지 활동을 하고 있는 그는, 음악이 전공인 오른쪽 사진의 주인공과 마찬가지로 **손금이 금성대가 꼭 감정선처럼 발달한 모습**입니다. 또한 **두뇌선과 감정선이 승쾌선**(일명 막쥔손금)을 하고 있어 목표를 세우면 그것에 매진하는 집요한 의지의 사람이라고 할 수 있습니다. 두 사람이 똑같은 손금의 모습인데, 모두 음악을 전공하고 있습니다.

◑ 아르민반 뷰렌

네덜란드의 DJ, 프로듀서, 그리고 명실상부한 최고의 트랜스 디제이이자 작곡가. 주력 장르는 프로그레시브트랜스이며 PaulvanDyk, Ti ë sto, BT와 더불어 DJ 중 4번째로 그래미어워드의 후보로 지명된 적이 있으며 빌보드 댄스 차트에서 가장 많은 21개의 음악을 차트에 올린 기록이 있다. 2000년대 더치 트랜스 열풍을 일으킨 주역으로 Ti ë sto, Ferry Corsten과 더불어 이른바 트랜스 3대장으로 불렸었다.

_출처_ 구글

필자는 양손의 약지까지 구불구불하게 금성대가 발달해 있습니다.

감수성이 풍부하여 드라마나 영화를 보다가 조금이라도 슬프면 눈물을 뚝뚝 흘립니다. 주위에서 무슨 남자가 눈물이 그리 많냐는 말을 많이 들으며 살았습니다. 또한 너무 잘 웃어서 탈이기도 하고, 길을 가다가 꽃 향기를 맡거나 예쁘고 아름답고 매력적인 것을 보면 홀리듯 빠지기도 하며, 향기가 나는 쪽으로 곧잘 따라 가곤 합니다.

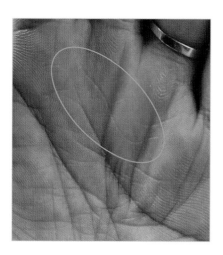 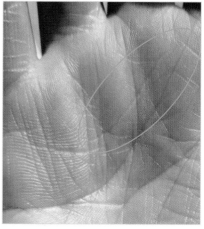

금성대가 발달하면 상대의 매력에 끌립니다.

화려하고 예쁘고 우아함을 좋아하는 성향은 아무래도 여성에게 더 많지 않을까 합니다. 늘 단장하고 향수를 뿌리며 미용에 신경 쓰면서 몸 관리를 합니다. 그러다 보니 자신의 감정을 추스르지 못하고 매력에 홀리는 듯 이상한 행동도 자주 합니다. 늘 아름다움을 동경하는 것 같은 느낌을 많이 받습니다.

필자는 젊은 시절부터 향수를 달고 살았으며, 잠깐이지만 집밖을 나가더라도 슬리퍼를 끌고 허름한 모습으로 나가는 것을 싫어합니다. 촌스러운 것 또한 극도로 싫어합니다. 촌스럽다는 것은 순전히 필자의 기준으로, 다른 사람이 보았을 때는 필자가 이상해 보일 수도 있습니다.

화려한 색의 특이하고 반짝거리는 옷이나 망사 또는 이상한 옷에만 눈이 가며 입게 됩니다. 만약 반듯한 금성대를 가졌더라면 우아하고 깔끔한 옷을 찾는 사람이 되지 않았을까 생각합니다.

금성대와 감정선의 강한 발달이 필자를 배려심과 이해심 많고 다정다감한 사람으로 만들었습니다. 그래서 때로는, 왜 다른 여성들한테 친절을 잘 베푸느냐며 배우자한테 많은 오해를 사기도 하였습니다. 필자가 남녀노소를 불문하고 다정다감하게 다가서는 것은 이와 같이 금성대가 발달하였기 때문일 것입니다.

한편으로는 상당히 신경질적이기도 합니다. 다정하고 부드럽다가도 갑자기 신경질과 짜증을 잘 냅니다. 화를 내고 나면 아무것도 아닌 것에 민감하게 반응을 했다고 후회를 하게 됩니다.

금성대가 강한 사람은 감정의 컨트롤이 필요할 것입니다

2

열정선

열정선은 장애선, 향락선, 비애선 등으로 알려져 있습니다.

서양에서는 열정선이라고 하며, 동양에서는 향락선, 비애선, 장애선이라고 합니다. 그리고 필자의 생각에 향락선이라기보다는 열정선이라고 하는 편이 더 합당할 것 같습니다.

열정선은 짧게, 길게 또는 덧칠된 형태로 발달하게 됩니다. 스스로 자제력을 떨어뜨리는 성향을 지니고 있는데, 태양선을 자제력과 인내심을 나타내는 인내선이라고 칭하는 것과 마찬가지입니다.

열정선이 하나도 나타나지 않은 사람은 매우 이성적인 사고를 지닌 사람일지도 모릅니다. 열정선은 이성과 감정의 교차점이라고 생각합니다. 먹고 싶다, 하고 싶다, 사고 싶다 등은 감정이 들어간

동물적 본능이지만 하고 싶은 것을 다 하고 살 수는 없는 노릇입니다. 그것을 컨트롤하지 못하고 감정이 더 많은 비중을 차지하는 성향의 사람들은 어김없이 열정선이 발달해 있다는 것입니다.

열정선을 가진 사람은 인내심, 자제력, 참는 법을 배워야 합니다.
감정을 참지 못하는 난폭한 사람이 될 수도 있습니다.

약지와 소지 사이에 나오는 선이 열정선이며 자제력이 떨어지는 감정적인 사람입니다.

열정선이 강하게 발달할수록 의지가 박약할 가능성도 있습니다. 그러나 길고 강하게 잘 발달된 사람은 매사에 열정적인 사람일지도 모릅니다. 그렇지만 감정적인 사고가 크게 작용한다는 것은 마찬가지입니다.

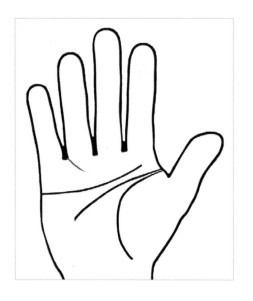

인내선이 강하게 발달하여 뚫고 올라간다면 이성적인 사고가 강합니다. 하지만 평상시에 감정을 잘 추스르지 못하며 차분하지 못한 모습을 보입니다.

아래 손금의 주인공은 물리치료사를 하고 있는 여성으로 열정선이 인상 깊고 상담하는 동안의 행동이 기억에 남아 있습니다. 열정선이 상당히 강하게 발달해 있는데도 불구하고 태양선 또한 강하게 발달해 있습니다. 자신이 하고 있는 일에 내면의 만족감을 느끼고 있었습니다.

수성구에도 3개 이상의 강한 수성선이 발달하여 사람의 인체를 관리하는 물리치료사가 된 것이 아닌가 합니다.

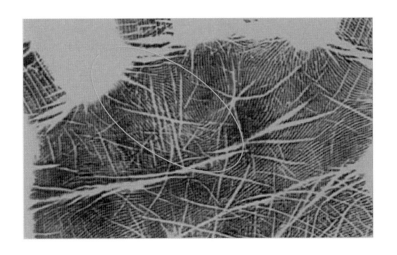

하지만 열정선의 강한 성향이 행동에서 나타났는데, 상담하는 동안 궁금증이 생기면 강한 호기심을 보이며 곧바로 질문을 하고, 관심이 가는 것에 참지 못하고 즉석 행동을 보였습니다. 이는 정서불안과는 차원이 다르며 의사가 분명했습니다.

보통 열정선이 강하면 자신의 감정을 잘 감추지 못하는 것 같습니다

열정선이 길고 강하게 감정선까지 발달해 있는 사람은 매사에 상당히
열정적이고 에너지가 넘치는 사람입니다. 다만 흥분을 잘하며,
차분하기보다는 분주해 보이는 감정파로 감정 때문에 실수를 많
이 할 수도 있습니다.

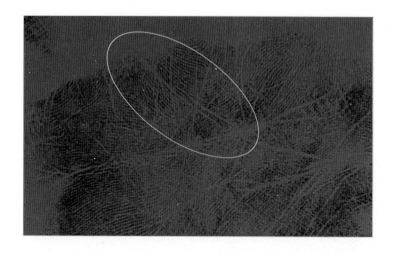

　　감정선에서 발달하여 올라간 선인지, 아니면 위에서 내려와 감
정선과 합류한 선인지를 잘 구분해야 합니다. 선이 굵은 부위가 시
작점입니다. 올라간 선일 경우 연예인, 예술가, 음악 등에 소질이
있거나 그것들을 동경하는 타입입니다.

　　열정선이 길고 강하게 감정선까지 발달해 있는 사람은 이성적인 사고가
필요하며 감정이 앞서지 않도록 주의하여야 할 것입니다

필자는 지저분한 열정선을 가졌습니다.

인내선도 열정선에 잘려 올라가지 못하는지라 매사에 감정적이며, 하고 싶은 것이 있으면 참지 못하는 성격입니다. 때로는 스스로 의지박약이 아닌가 생각할 정도로 자제력이 떨어진다는 사실입니다.

다음 사진은 손금을 처음 찍었던 2007년의 모습입니다.

그때의 생활들을 되돌아보면 늘 감정적으로 사람들을 대하고 화가 많았으며 기분 내키는 대로 행동을 했던 것 같습니다. 한 마디로 하고 싶은 것을 다 하고 마음대로 살았던 것이 아닌가 싶습니다.

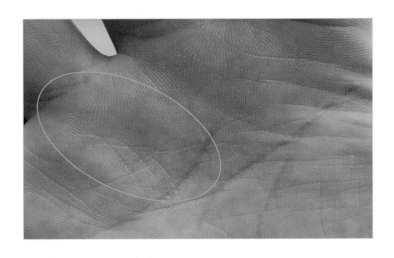

아래는 2020년에 찍은 필자의 손금인데, 열정선 위로 인내선들이 잘 발달하여 올라간 모습입니다. 스스로 자제력과 인내심이 정말 부족한 사람임을 깨닫고 많은 노력을 하였습니다. 벽에다 "하고 싶은 것 참기! 화내지 않기!"라는 말까지 써 붙여놓고 노력할 정도였습니다.

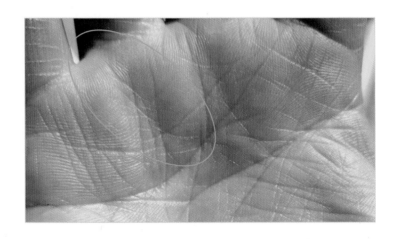

그렇게 노력한 결과라고 생각합니다. 하지만 아직도 순간을 방심하면 어김없이 행동으로 나타납니다. 손 모양부터 손금의 형태까지 필자의 본질적인 성격은 역시 변하지 않는다는 것을 깨달았습니다.

여행선

여행선은 이동선이라고도 하는데, 이에 대해서는 의문점이 상당히 많습니다.

오른쪽 그림과 같이 **생명선에서 월구로 향하는 지선**이 여행선의 일종인데, 이같은 선을 가진 사람들이 의외로 많습니다. 그런데 감정을 해보면 여행은커녕 태어난 곳에서 한번도 타지에 나가 살아본 적이 없는 사람이 많았으며, 여행선이 전혀 없는데도 먼 곳으로 떠나 타향살이를 하는 사람도 많았습니다.

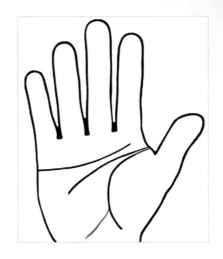

하지만 **생명선에서 월구로 발달한 지선을 가진 사람들**은 호기심과 도전 정신 그리고 무모할 정도로 저돌적이거나 두려움이 없는 사람들에게서 많이 볼 수 있습니다. 여행선보다는 다른 호칭이 더 어울리지 않을까 하는 생각을 해봅니다.

손목 쪽에서 올라오는 선이 더 확실한 여행선이 아닐까 합니다. 이러한 사람들은 고향에서 멀리 떠나 있는 경우가 많았으며, 외국에 나가 사는 사람도 있었습니다. 필자 또한 그림과 같은 여행선을 가지고 있으며, 고향으로부터 멀리 떠나 타향에서 떠돌며 살고 있습니다.

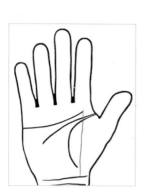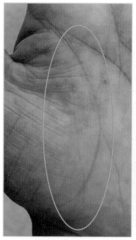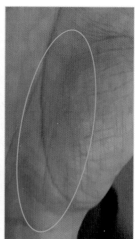

이외에도 여러 가지 형태의 여행선이 있지만 필자에게는 모두 공감되지 않는 정보였습니다. 이 부분에 대해서는 좀 더 많은 연구와 사례가 필요해 보입니다.

애정선

동양에서는 **애정선**을 **결혼선**이라고 하는데, 많은 사람들과 상담을 해본 결과 결혼과는 전혀 맞지 않았습니다. 다만, 결혼 시기를 대충 맞출 수 있다는 것뿐이었습니다.

애정선은 이성에 대한 애정이나 동경심, 이성에 대해 얼마나 바른 사고를 지녔는지를 보는 것이 더 어울립니다.

애정선이 무수히 많은 사람을 보고 결혼을 몇 번 할 수 있을지를 묻는다면, 필자는 손금의 기세와 애정선 그리고 현실선의 모습을 보고 직감적으로 답할 것입니다.

애정선이 굵고 진하게 두 가닥 발달해 있다면 깊은 애정관계를 나타냅니다. 다음 손금의 주인공은 여성분으로, 말은 직설적이지만 현실선이 약하고 애정이 강해 가족을 아끼며 잘 돌볼 것입니다.

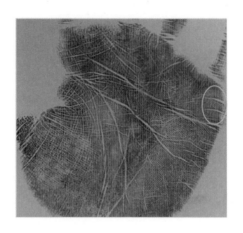

애정선이 감정선 쪽으로 하향한다면 애정이 식었던지 서로에게 무관심하고, 심하면 이별이나 사별 등 애정이 단절됨을 나타냅니다.

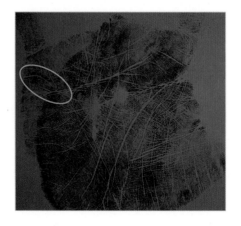

애정선이 많은 잔선으로 발달한다면 이성에 대한 동경 또는 문란한 교제나 독신주의자가 많습니다. 남녀 똑같이 봅니다.

사진과 같이 **금성대가 강하게 발달하고 감정선의 시작점이 위아래로 갈기채를 하며 구불구불한 감정선을 가졌다면** 이성에 대한 강한 동경과 성적 욕구가 강한 사람임을 나타냅니다. 이런 경우에는 결혼을 늦게 하는 것이 좋을 것입니다.

5 유년법

유년법 또한 다양한 정보가 있는데, 어떠한 것이 정확한 것인지 정답이 없는 듯합니다.

예를 들어 두뇌선을 지나는 현실선의 나이를 30세부터 45세까지 광범위하게 표현하며, 현실선이 감정선을 지나는 나이 또한 45세부터 56세까지 보는 다양한 이론이 많습니다. 어떠한 것이 정답인지는 모르겠지만 필자가 터득한 유년법을 공유해 보고자 합니다.

세로 3대선이 많은 잔선으로 끊어져 있다고 해도 직업 변동이 많은 것이 아니며, 단순히 삶의 안정성이 떨어지는 모습일 가능성이 큽니다. 또한 선이 끊어지지 않고 잘 연결되었다고 해도 직업 변동이나 이동수가 많을 수 있다는 사실을 꼭 명심하고, 유년법은 단순 참고만 하는 것이 좋다고 생각합니다.

1 생명선

1 생명선의 시작점과 손목의 첫 번째 주름선 중간까지의 길이를 측정합니다.

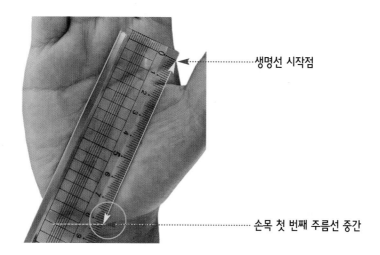

생명선 시작점

손목 첫 번째 주름선 중간

2 생명의 시작점부터 손목의 첫 번째 주름선까지의 길이를 반으로 나눕니다.

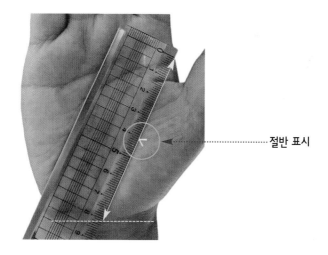

절반 표시

3 소지 아래 손바닥과 나뉘는 선에서 소지의 중간을 표시합니다.

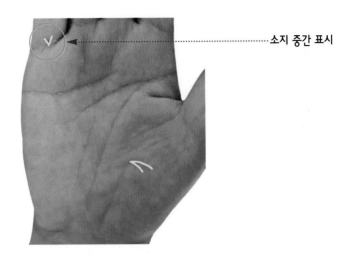

소지 중간 표시

4 2번 측정한 곳과 3번 측정한 곳을 자로 대고 생명선과 만나는 부분을
표시합니다.

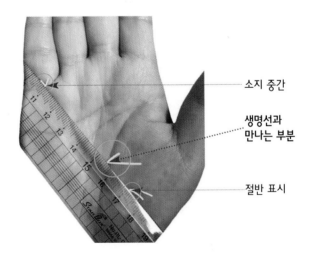

소지 중간

생명선과
만나는 부분

절반 표시

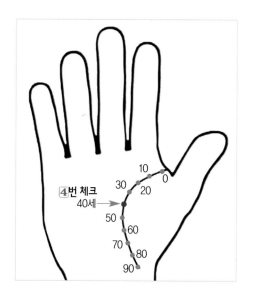

⑤ ④번 체크한 곳에서부터 양쪽으로 1cm씩 표기해 나가면 됩니다.

◎ 보통 40세를 전후하여 생명선이 끊어져 있다면 살아온 인생의 굴곡이 컸던지, 아니면 인생의 개운기를 맞아 큰 변동이 있었을 것입니다.

유년법을 볼 때는 + -의 나이 폭을 5년 단위로 변수를 두는 것이 좋습니다 두뇌선의 유년법은 70세까지로 보며, 그 후로는 두뇌선의 깊이로 판단하게 됩니다.

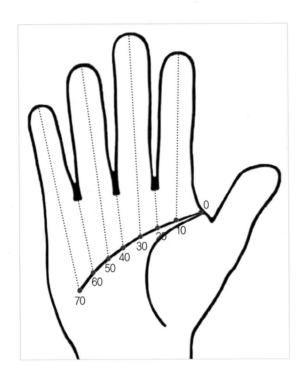

⊙ 70세까지 길고 깊게 발달된 사람이라면 의지력과 집념이 강한 사람이라 어지간한 병은 거뜬히 이겨내는 정신력이 매우 강인한 사람일 것입니다.

현실선의 유년법은 손목 첫 번째 주름에서 2.5cm 위부터 잽니다.

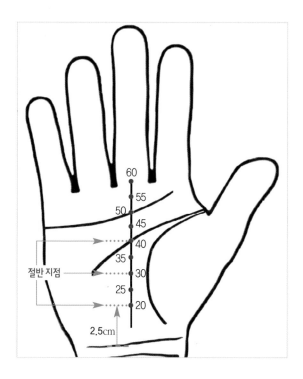

- 첫 번째 체크 부분이 **20세**이며, 이곳이 성인이 되어 활동하는 첫 번째 부위가 됩니다.

- **두뇌선과 마주하는 곳이 40세**가 되며, 40세와 20세 중간이 30세, 20세와 30세 중간이 25세가 됩니다. 마찬가지로 30세와 40세의 중간이 35세가 됩니다.

- **두뇌선의 40세와 감정선의 50세 중간이 45세**가 되며, 40세와 손가락의 첫마디 선이 60세가 되고, 그 중간이 55세가 됩니다.

필자가 보는 **현실선의 유년법**은 인생을 살면서 적극적으로 사회활동을 하며 살아가는 연령의 측정 방법이라고 보시면 됩니다.

보통 노년을 맞이하는 나이인 55세가 되면 대체적으로 현실선이 약해져 있는 모습을 볼 수가 있습니다. 또는 많은 잔선으로만 이루어진 경우가 흔합니다. 55세의 노년기를 넘어서면 무언가를 하려고 해도 기력과 힘이 떨어져 좋은 결과가 나지 않으며, 분주하게 움직이는 만큼 성과가 없어 고생만 하는 것이 아닌가 싶습니다.

손바닥과 손가락의 마디까지 현실선이 강하게 발달된 사람은 노년이 되어서도 기반이 탄탄한 사업 등으로 삶의 구축이 확실한 경우가 많았습니다.

보통 두뇌선을 지나는 40세부터 현실선이 강하게 발달하면 중년에 사회활동이 활발한 사람이라고 볼 수 있습니다.
만약 **두뇌선을 지나는 현실선이 약하다면** 현재의 자신을 돌아보아야 할 것입니다.

제**8**장

부

록

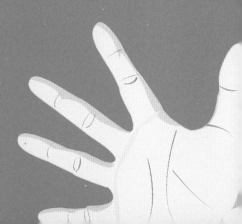

손금으로 보는 자기계발서

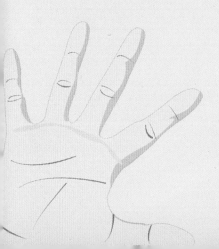

1
직선형 두뇌선과 맞지 않는 손

방형(물질형), 주걱형(물질형), 사색형(정신형)의 3가지 유형의 손은 직선형 두뇌선과 잘 맞지 않습니다. 현실과 현실이 만난다는 것은 과유불급이 됩니다.

방형과 주걱형의 손은 현실적이고 물질적인 성취 욕구가 강한 사람으로, 직선형 두뇌선을 갖는다면 매우 현실적이고 이성적이며, 매정하고 차가우면서 냉소적인 사람이 될 수 있습니다.

화를 잘 내지 않으며 차분하지만, 말하는 것이 딱딱하고 고리타분하면서 신경질적이고 사람을 상대하는데 있어서 계산적일지도 모릅니다.

방형과 주걱형의 손은 타인의 마음을 고려하는 자세를 지녀야 합니다 또한 목표 의식이 확실하지 않다면 고달픈 노년을 맞이할 수도 있습니다.

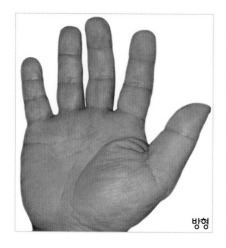
방형

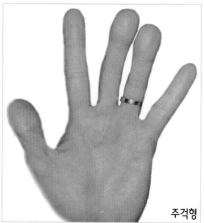
주걱형

사색형(물질형)의 손은 선천적으로 조용하고 차분한 성격이며, 고독을 즐기는 타입으로 사람을 대하는 것이 냉담합니다.

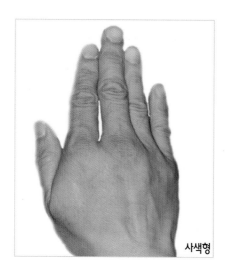
사색형

사색형의 손을 가진 사람들에게 **직선형 두뇌선**이 발달해 있다면 분석적이고 논리적인 사고와 배우고 깨닫는 것에 대해 많은 흥미를 느낄 수 있습니다. 하지만 매우 신경질적이고 말을 직설적으로 하며, 날카롭고 매섭습니다.

　사색형의 손은 혼자 있기를 좋아하고 자기 잘난 맛에 사는 경향이 많으며, 우울증에 걸리기 쉬우니 스스로의 성취감과 행복감을 찾기 위해 노력해야 할 것입니다.

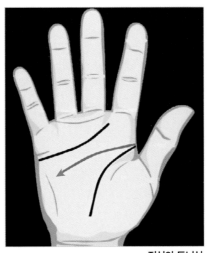

직선의 두뇌선

2 하향하는 두뇌선과 맞지 않는 손

원추형(정신형)·첨두형(정신형)의 손은 선천적으로 예술가, 공상가, 창의성, 상상력이 강한 타입으로 사고가 깊은 유형입니다. 이러한 손에 아래로 향하는 두뇌선이 발달한 사람은 꿈의 세계와 더 가까워집니다.

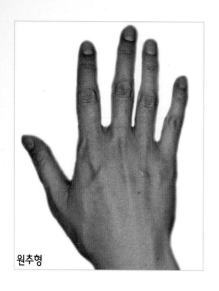

원추형

원추형의 손은 몸 쓰는 것을 더욱 싫어하고 놀고먹기를 좋아하며, 매우 향락적인 기질이 나타날 수 있습니다.
하향하는 선이 길수록 이러한 성향은 더욱 강해집니다.

첨두형의 손은 전형적인 몽상가·공상가 타입으로 현실의 처지를 한탄하거나 꿈만 그리는 사람이 될 수 있습니다.

첨두형의 손에 하향하는 두뇌선을 가진 여성은 좋은 가정 환경임에도 불구하고 대화를 해보면 자신의 처지를 한탄하는 사람이 많았습니다.

인생을 항상 비관적으로 보게 되고 화려한 집, 명품 가방, 비싼 옷 등 세상을 바라보는 눈이 마치 TV 속의 부잣집 며느리를 상상하게 만드는 느낌을 많이 받게 합니다.

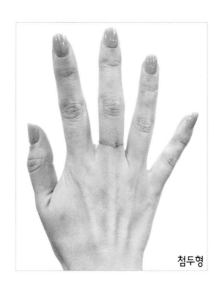

첨두형

이러한 손을 가진 사람은 창의성과 사고가 유연하므로 내면을 잘 다스린다면 인생길을 개척하는 것이 그렇게 어려운 일은 아닐 듯합니다.

제
8
장

원추형·첨두형의 손에 하향하는 두뇌선과 기타 부수적인 선들이 발달하면 매우 독특한 사고와 인생관 또는 환경에 민감하고, 직감력과 예지력 같은 특이한 재능을 가진 사람이 나올 수도 있습니다. 하지만 이러한 유형은 예외적인 것에 속합니다.

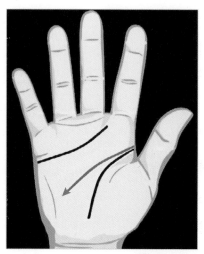

하향하는 두뇌선

이러한 손금의 주인공은 사람의 감정도 쉽게 읽을 수 있으므로 상담하는 직업을 찾는 것도 좋은 방법이 될 것입니다.

사상체질과 손 모양

> "우리나라 사람 약 4,000명을 대상으로 사상체질 분포를 분석했다. 그 결과 태음인 39.2%, 소양인 33.7%, 소음인 27.1%, 태양인은 극소수인 것으로 나타났다고 한다."

한국한의학연구원 https://www.kiom.re.kr

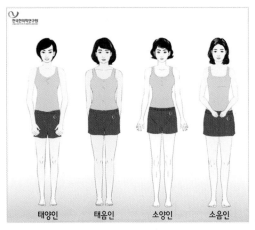

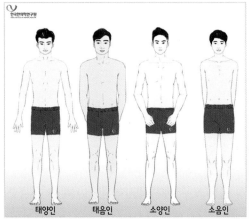

태양인　　태음인　　소양인　　소음인

태양인　　태음인　　소양인　　소음인

◐ 사상체질

이제마(李濟馬, 1836~1900)가 『동의수세보원』에 기록한 내용으로, 인간의 체질을
장부의 대소를 기준으로 태양인·태음인·소양인·소음인 네 가지로 분류한 것을
말한다. 기록에 의하면 사람마다 체질은 내부 장기의 기능, 마음의 욕심, 타고난 성
향과 재주, 몸의 형태와 기운의 형상, 얼굴의 모양과 말하는 기운 등에 따라 서로 다
르며 이에 따라 생리, 병리, 약리 및 건강한 삶을 살기 위한 조건 등도 달라진다.

네이버지식백과 사상체질

◐ 사상체질 8체질 DISC 심리유형 MBTI 분포도

"서양의 성격심리학의 성격유형 분석에 사용된 요소들이 음양
으로 구성되었기 때문이며 100% 동일하다고는 할 수 없지만
상당부분 유사하였으며 이에 본인은 현재의 MBTI 성격유형별
특징이 아닌 사상체질 8체질에 기반한 새로운 MBTI의 각 유형
별 특징을 정리하고자 한다."

문공 남문식 https://m.blog.naver.com

8가지 성격유형 분류 요소의 음양분포수

	I (내향)	E (외향)	S (감각)	N (직관)	T (사고)	F (감정)	J (판단)	P (인식)
음기운	7	1	5	3	5	3	5	3
양기운	1	7	3	5	3	5	3	5

ENFP 양양양양(+10) 스파크형	**ENFJ** 양양양음(+8) 언변능숙형	**ESFP** 양음양양(+4) 사교형	**ESFJ** 양음양음(+2) 친선도모형
ENTP 양양음양(+6) 발명가형	**ENTJ** 양양음음(+4) 지도자형	**ESTP** 양음음양(+10) 활동가형	**ESTJ** 양음음음(-2) 사업가형
INFP 음양양양(+2) 잔다르크형	**INFJ** 음양양음(0) 예언자형	**ISFP** 음음양양(-4) 성인군자형	**ISFJ** 음음양음(-60) 권력형
INTP 음양음양(-2) 아이디어형	**INTJ** 음양음음(-4) 과학자형	**ISTP** 음음음양(-8) 백과사전형	**ISTJ** 음음음음(-10) 소금형

사상체질과 MBTI를 결합하면 사람의 성격 파악에 정확성을 높일 수 있다는 것이 흥미롭습니다.

사상체질 연구에 대한 많은 정보들이 있는데, 필자 또한 사상체질과 손 모양을 비교해보면서 그 사람의 사고가 올바른지 않은지를 알 수 있었습니다. 양(陽)인에게 정신형의 손(사색형, 첨두형)은 행동과 생각이 다른 좋지 않은 모습을 보이며, 음(陰)인에게 물질형의 손(방형, 주걱형) 또한 좋지 않은 모습을 보인다는 점입니다.

이는 수많은 주위 사람들의 체형과 손을 관찰하고 깨달을 것으로, 사상체질과 손의 형태를 비교해보는 것도 상당히 흥미로운 일일 것입니다.

대인관계에 어려움을 겪는 이들에게 도형심리학으로 사람을 얻는 대화의 기술을 설명한 수잔 델린저의 『도형심리학으로 대화하기』를 보게 되면 사상체질의 외형에 따라 말투와 행동도 비슷한 성향을 보이며, 손 모양까지 더한다면 신비스러움 그 자체라고 말할 수 있겠습니다.

● 수잔 델린저 『도형심리학으로 대화하기』

미국의 플로리다 대학에서 영화예술 박사학위를, 콜로라도 대학에서는 스피치 커뮤니케이션 박사학위를 받았다. 실생활에 적용할 수 있게 해주는 도형심리학으로 미국, 유럽, 아시아 등 세계 전역에 걸쳐 50만 명의 사람들에게 의사소통과 매니지먼트 방법을 소개했다. 현재 자신의 회사인 '수잔 델린저 어소시에이츠(Susan Dellinger and Associates)'를 운영하고 있다.

◉ 태양인

얼굴은 직사각형의 큰 편에 골격이 탄탄해 보이고, 상체가 크지만 상체에 비해 하체가 부실해 보입니다. 이목구비는 크지 않습니다.

◉ 소양인

얼굴이 신체에 비해 작아 보이고 갸름하며, 운동을 하지 않았는데도 신체가 균형을 이루어 날렵하게 생겼습니다.

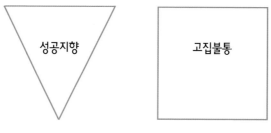

출처 :『도형심리학으로 대화하기』

태양인과 소양인의 공통점은 대화를 할 때 주도적이며 환경에 지배를 당하기보다 지배하는 쪽이 많습니다. 또한 자신이 끌려가는 일은 하지 않으며 승부욕이 상당히 강한 편입니다.

태양인은 진취적이고 적극적인 사람으로 실행력이 강하며, 전체 인구의 1% 정도이고 소양인은 민첩하고 활동성이 뛰어나며 인구의 33.7% 정도입니다. 이들은 목표 의식이 강하며 손으로는 방형의 손이 잘 어울립니다.

태양인에 방형의 손을 가지고 있다면 헌신적이고 주도적이며 실행력을 갖춘 최고의 리더 자질이 있습니다.

소양인에 방형의 손을 가지고 있다면 활동성이 강한 것이 특징이며 운동하는 사람에게 어울립니다.

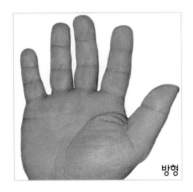
방형

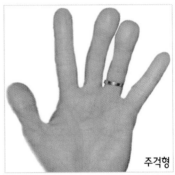
주걱형

태양인과 소양인에 어울리지 않는 손은 원추형과 첨두형입니다.

선동자가 되어야 하는 성격의 사람이 원추형과 첨두형의 손을 가지고 있다면 상대를 조작하기를 좋아합니다. 이상한 사고를 지

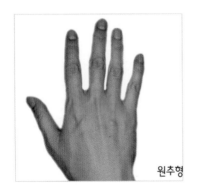
원추형

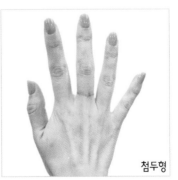
첨두형

녔으며, 그중에는 첨두형과 같이 길고 예쁜 손을 가진 소양인이 특히 많습니다. 남자의 경우에는 여자를 이용하여 놀고 먹는다든지 거짓말을 잘하는 사람입니다. 요즘 젊은 20대에게서 많이 볼 수 있습니다.

◉ **태음인**

전체적으로 근육보다는 살집이 많고, 이목구비가 큰 사람이 많은 듯합니다.

◉ **소음인**

얼굴은 턱뼈가 강해 보이지 않으며, 갸름한 얼굴형에 하체가 발달하고 다리는 그리 길어 보이지 않습니다.

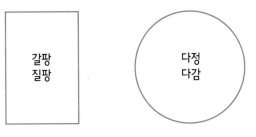

출처 : 『도형심리학으로 대화하기』

태음인과 **소음인의 공통점**은 부드럽고 친화적이며 감정적이라는 것입니다. 상황에 따라 기분이 많이 변합니다.

태음인은 시대가 흐를수록 줄어드는 추세인 듯합니다. 19세기까지만 해도 전체 인구의 60%였지만 지금은 39.1%로 3분의 1이

감소되었습니다. 적응력이 빠르고 체계적인 것보다는 느슨한 성격을 보입니다.

소음인은 전형적인 여성에게서 많이 볼 수 있는데, 차분하고 꼼꼼하며 순진한 사람으로 27.1%의 비중을 차지합니다.

태음인은 원추형의 손이 좋은데, 느긋하면서도 끈기가 있으며 생각

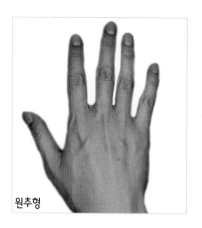
원추형

하기를 좋아 합니다. 합리성이 깊어 현실을 유연하게 설계하는 탁월한 사람입니다.

소음인은 첨두형의 손이 잘 어울리며, 소음인과 첨두형의 손은 여

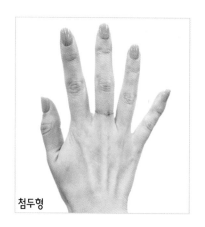
첨두형

성의 전유물이 아닌가 싶습니다. 정확한 것을 좋아하며 감수성이 풍부하고 사람들과의 소통 공감이 탁월합니다.
나서기 싫어하는 성격이며 다소 내성적인 성격의 사람이 많습니다.

태음인과 소음인에 어울리지 않는 손은 방형입니다.

생각이 많고 꼼꼼하며 부드러운 사람이 헌신적이고 주도성이 강한 주최자가 되면 결단력이 떨어져 생각만 맴돌던가 일처리가 흐지부지되며 자신의 인생을 한탄만 하는 좋지 않은 모습을 보일 수 있습니다.

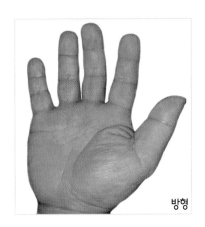

방형

4 좌뇌와 우뇌

손가락 길이와 손금의 두뇌선을 보면 좌뇌와 우뇌의 발달과 얼굴의 모양새까지도 알 수 있습니다.

직선형 두뇌선을 가진 사람은 좌뇌 발달형이며, 양손의 두뇌선이 모두 직선형이면 논리적인 사고에서 벗어나기 힘듭니다.

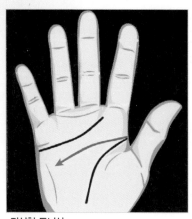

직선형 두뇌선

좌뇌 발달

언어.. 분석.. 논리.. 수리.. 지능적.. 분석적 사고 등

좌뇌 미발달

언어장애.. 난독증.. 기억력.. 섬세하지 못함.. 배우기 싫어함

곡선형 두뇌선을 가진 사람은 우뇌 발달형이며, 양손의 두뇌선이
모두 곡선형이면 나태해지기 쉽습
니다.

우뇌 발달

공간 지각능력.. 창의력.. 5각 발달..
예체능.. 육감적.. 직감적 사고 등

우뇌 미발달

집중력 장애.. 발달 장애.. 감정조절 장애..
순발력과 교감능력 떨어짐

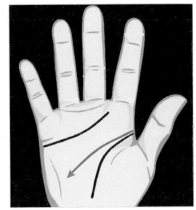

곡선형 두뇌선

두뇌선이 직선형이면 제2 화성구로 가며 언어·분석·논리·수
리 능력이 발달하고, 곡선형이면 월구로 가며 공간지각 능력과 신
체기능의 발달과 같은 두뇌의 특성이 강화됩니다.

여기에 손가락의 길이를 비교해보면 다음과 같습니다.

약지가 길수록 남성적, 우뇌 발달 도전적.. 공격적.. 활동성
검지가 길수록 여성적, 좌뇌 발달 소극적.. 방어적.. 이성적

◉ **얼굴의 형태**

남성...약지가 길수록	얼굴이 넓음
검지가 길수록	얼굴이 갸름함
여성...약지가 길수록	얼굴이 갸름함
검지가 길수록	얼굴이 넓음

예 남성이 양손에 직선형 두뇌선을 갖고 검지가 길면 매우 이성적이고 논리적인 사람이 되며, 얼굴이 갸름하고 자기관리가 철저한 사람으로 다소 까칠해 보입니다.

예 여성이 양손에 직선형 두뇌선을 갖고 검지가 길면 이성적이고 논리적이며, 얼굴은 편안하고 다정한 느낌을 줍니다.

수상학을 안다는 것은 자신의 단점과 장점을 파악하고 발전시키는 최고의 수단이 되는 것은 분명합니다.

스스로 어느 쪽 뇌가 더 발달했는지 체크해 본다면 흥미로울 것입니다.

5
손금과 건강

   손바닥의 선을 보고 건강을 확인한다는 것은 다소 오판을 할 수도 있습니다. 그렇지만 어떤 면에서는 상당한 정확도를 나타내기도 하니 무시만 할 수는 없습니다.

   건강을 좀 더 세밀하게 알아보려면 병원을 찾는 것이 현명한 일입니다.

   본 장에서는 일반적인 건강상태를 보는 방법만을 제시하도록 하겠습니다.

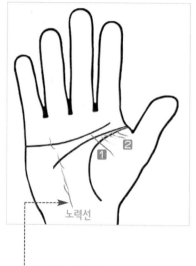

노력선

노력선이 덧칠된 듯하거나 바른 모습이 아닐 경우에는 우선 소화기를 의심해볼 수 있습니다. 그리고 생명선상 40세 이전의 위치에 그림의 **1**처럼 가로선이 나타나기도 하는데 **1**과 같이 강하게 두뇌선까지 치고 나오는 경우에는 위가 좋지 않습니다. 위궤양, 위염, 위암, 역류성 식도염 등 위와 관련된 건강이 좋지 않음을 나타냅니다.

2와 같이 잔선들이 많아도 대개 위가 좋지 않은데, 신경증이 심한 사람들에게 많이 나타납니다. 이런 경우에는 신경성 소화불량이 가장 많습니다.

두뇌선을 치고 나오는 선이 아니고 많은 잔선들로만 이루어져 있다면 단순한 신경과민성, 예민한 성격을 나타내는 경우도 많습니다.

생명선의 장애선과 노력선이 잔선들의 모습을 하고 있다면 식습관과 생활 패턴을 한 번 점검해 보아야 할 것입니다. 건강을 위해서는 식이요법을 꼭 실천하는 것이 좋은 건강 지킴이가 됩니다.

다음 그림과 같이 3군데에 잔선들이 난잡하고 푸석푸석하거나 지저분한 모습을 보인다면 몸의 해독작용에 문제가 있음을 나타냅니다.

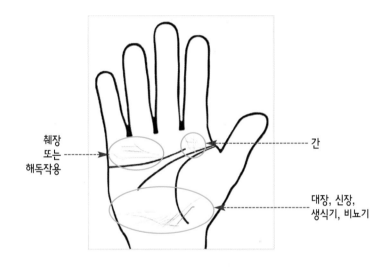

이곳들은 연분홍 빛을 띠는 것이 정상인데, 검지 아래가 노란색이면 담즙 분비가 비정상적이며, 대개는 피로 누적과 과로 등이 많습니다. 분홍빛은 혈액에 산소가 풍부하여 나타나는 색인데, 붉은색을 띠는 것은 산소가 부족하여 나타나는 현상입니다.

살빛이 붉은색을 띠고 있다면 뇌에 산소 공급을 잘 해줄 수 있는, 근력 운동이 아닌 유산소 운동이 좋다고 생각합니다.

대장, 비뇨기, 생식기, 신장을 보는 위치는 정확히 구분지어야 합니다.

◑ 그림과 같이 감정선에서 손목의 첫 번째 주름선까지 3등분합니다.

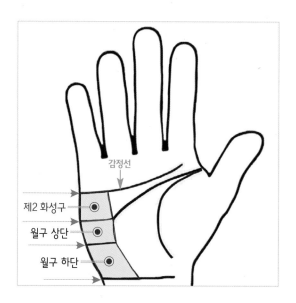

감정선 바로 아래가 제2 화성구이며 이곳은 혈액 관련, 고혈압, 신경계통을 나타냅니다.

제2 화성구가 꺼져 있거나 푸석거리고 무질서한 잔선들이 있다면 뇌졸중과 같은 혈액 관련 질병을 조심해야 합니다.

◑ 다음 그림과 같이 월구 상단과 하단으로 나뉜 두 부분을 녹색 눈금처럼 다시 3등분합니다.

그 위치에 따라 이상 증세를 판단할 수 있습니다.

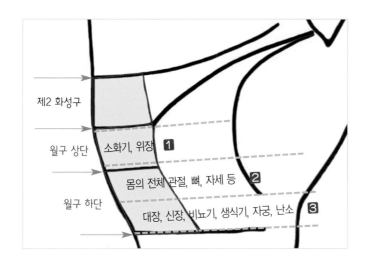

보통 여성분들은 월구가 지저분한 경우가 많습니다.

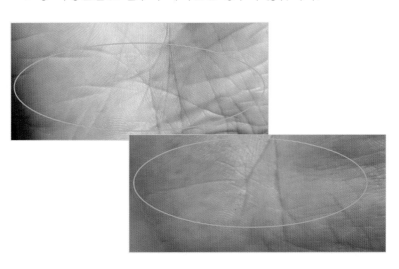

위의 사진과 같이 생명선에서 나와 가로 지르는 선을 많이 보게 되는데 **1**의 위치에 나타나는 횡선은 식습관이 좋지 않거나 소화기 기능의 문제를 의미합니다.

중간 위치인 **2**의 부위를 가로 지르는 선은 몸의 골밀도, 뼈의 건강, 뼈의 균형이 틀어짐, 허리, 골반 등의 문제를 의미합니다.

3의 부위를 가로 지르는 선이 있고 생명선 하단부에 잔선이 많으며 삼각형을 그리는 듯한 모습을 많이 볼 수 있는데, 이런 경우는 폐경기나 갱년기를 맞이하면서 자궁·난소 등 비뇨기·생식기능이 떨어진 것을 나타냅니다. 젊은 여성이 이러한 모습을 보이면 생리불순과 생활의 불균형 같은 것이 있을 수 있고, 생명선 부분이 푸른빛을 띄면 신진대사가 제대로 이루어지지 못하고 몸이 냉한 경우가 많습니다. 때로는 생리 중일 수도 있습니다.

남성도 마찬가지로 **3**의 부분에 가로선이 강하게 나타나면 신장, 대장, 비뇨기가 좋지 않아 장내 가스가 많이 차고 소변을 자주 보게 됩니다.

월구는 정신세계와 관련이 많은데, 신경증이 있거나 잘 놀라는 사람, 불건전한 생활 등에서도 지저분한 모습을 많이 볼 수 있습니다.

생명선을 따라 혈관이 지나가는데 이를 그레이트 팔마아치라고 합니다. 이외에도 피상 팔마아치, 딥 팔마아치 등 손바닥 안에 흐르는 혈관 동맥이 있는데 이 동맥이 지나는 자리에 감정선과 두뇌선이 위치하고 있습니다. 이렇게 중요한 동맥과 정맥이 지나가면서 손바닥의 선에 이상증세를 나타내는 듯합니다.

감정선 쪽으로 지나가는 것은 딥 팔마아치로, 심장동맥궁이라고
합니다. 이것이 심장에서 나오는 혈액이 손으로 전달되는 제1차
혈관인데, 그래서 서양에서는 감정선을 하트라인이라고 합니다.

감정선의 색이 푸르거나 어두우면 혈액이 원활하게 전달되지 않으며
혈액에 산소가 부족함을 나타냅니다. 따라서 감정선이 지저분한 모습
을 하면 심장에 이상이 생기는 것입니다.

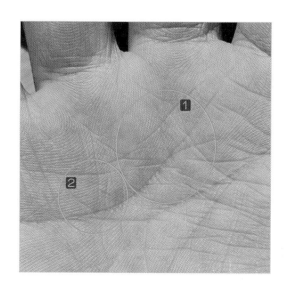

사진의 **1**과 같이 감정선이 끊기고 잘리고 장애선이 치고 지나갈 경우
심장·폐·기관지 등에 문제가 생깁니다. 심장의 이상 증세를 많
이 보이게 되며, 부정맥과 같은 심장의 작동 불균형으로 숨이 고
르지 않고, 협심증·심장판막증과 같은 증상이 나타납니다.

사진의 **2**와 같이 약지 아래가 지저분하면 혈관(동맥·정맥)·순환

제
8
장

기·시신경 등 신경계통에 문제가 생깁니다. 대표적인 것은 시신경과 혈관 이상이며, 고지혈과 콜레스테롤 같이 혈액이 탁해져 동맥경화 또는 혈관이 막히는 심근경색·뇌경색·중풍과 같은 문제가 생길 수 있습니다.

앞의 사진은 필자의 손으로 부정맥이 있고, 눈이 좋지 않아 종종 어지러움을 잘 느끼며, 왼쪽 눈의 신경이 좋지 않습니다. 또한 고지혈과 콜레스테롤이 높으며, 몸의 신경이 가끔 찌릿찌릿하는 증상이 나타납니다.

생명선을 따라 흐르는 혈관을 그레이트 팔마아치라고 했는데 이는 몸의 소화기, 내장, 비뇨기, 생식기 등을 관장합니다.

생명선에 이상이 있으면 몸의 소화 장기에 문제가 있다는 사실을 명심하시고, 식습관과 생활방식을 점검하고 삶으 패턴을 바꿔보시라고 권유합니다

제9장

사

례

M자 손금

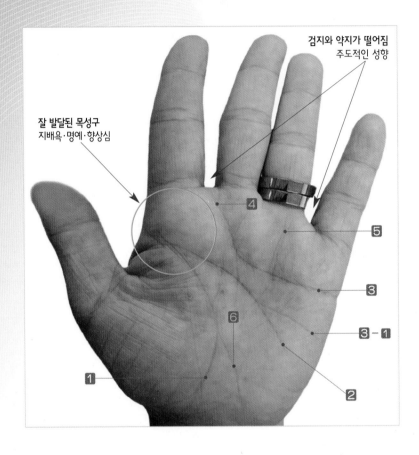

검지와 약지가 떨어짐
주도적인 성향

잘 발달된 목성구
지배욕·명예·향상심

④

⑤

③

③-①

⑥

①

②

① 생명선...깊고 퍼지지 않았으며 잘리거나 흠이 없는 생명선

매사 열정적이며 활력과 애정, 동정 등의 감정이 풍부할 것입니다.

② 두뇌선...깊고 예리하며 끝으로 갈수록 날카로운 월구 상단형 두뇌선

사고가 뚜렷하며 말재주가 좋고 의사표현이 분명합니다.

3 감정선...깊고 끊김없이 검지와 중지 사이로 발달한 감정선

감정선이 끊김없이 깊고 예리하면 생각과 행동의 일관성을 보입니다. 검지와 중지 사이로 발달하여 애정미가 넘치며 동정심이 많고, 배려심과 이해심이 강한 사람입니다.

3-1 반항선...선이 예리하고 깊은 반항선

반항선은 옳고 그름을 잘 따지고 자신의 정당함을 밝힙니다.

4 현실선...현실선이 발달하면서 감정선과 하나가 된 모습

M자 손금이라고 하는데, 대인관계의 메커니즘을 아는 사람으로 화합과 신뢰, 정의감 등이 대단한 사람입니다.

5 인내선...진하고 예리한 선이 퍼지지 않고 2가닥 올라간 인내선

인내심, 자제력, 침착성이 뛰어나며 사교적이고 즐거움을 찾는 형태입니다.

6 모험선...깊고 선명하게 발달한 모험선

모험심, 도전, 경쟁심 등의 강한 활동을 보여줍니다.

◆ 종합

모든 선이 깊고 예리하고 퍼지지 않았으며, M자 손금과 검지·중지 사이로 올라간 감정선을 볼 때 매우 온건하며 온전한 사고를 지닌 사리분별력이 뚜렷한 사람입니다.

싫고 좋음이 명확하며 목표가 확실한 사람입니다.

손의 살집이나 비율이 일정하여 생각과 행동이 일치하고 신뢰성이 있으며, 사람을 상대하는 서비스직에서 최고가 될 수 있습니다.

사례자 전직 승무원이며 승무원을 가르치는 매니저

2 HSP 두뇌선을 가진 사람

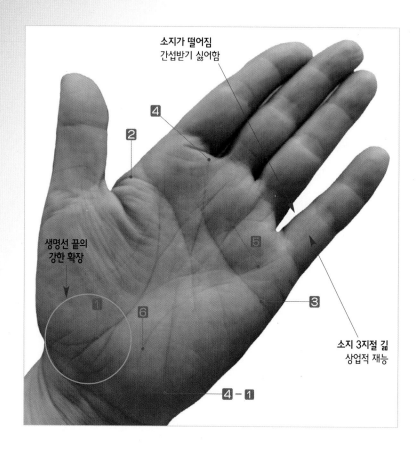

소지가 떨어짐
간섭받기 싫어함

생명선 끝의
강한 확장

소지 3지절 김
상업적 재능

1 생명선...깊고 끊김이 없으며 끝이 확장형인 생명선

활력 있고 매사 열정적이지만 모험을 좋아하지는 않습니다.

2 두뇌선...생명선 안쪽에서 강하게 발달한 월구 상단형 두뇌선

생명선 안에서 나오는 두뇌선을 HSP 두뇌선이라고 하며, 창의적

이고 혁신적이지만 상당히 예민한 사람입니다. 환경에 지배를 받게 되면 보통사람보다 못한 무능한 사람이 될 수 있습니다.

③ 감정선...끊김 없이 깊게 중지 아래까지 발달한 감정선

끊고 맺는 것이 다소 매몰찰 수 있습니다. 하지만 중지 아래에 머무르면 매력적이며 매력에 이끌리거나 사람과의 스킨십이 좋습니다.

④ 현실선...검지로 향하는 현실선

명예, 개성, 대인관계, 향상심 등 지배욕이 강하게 발달했습니다.

④-❶ 월구 현실선...월구에서 발달하는 현실선

하고싶은 것을 고집적으로 하며 4의 목성구가 발달한 것으로 보아 장사, 상업, 사업 등의 재능이 있어 보입니다.

⑤ 인내선·노력선...깊고 진한 1가닥의 선

목성구형의 현실선으로 보아 사교성이 강해 보이며, 소지의 3지절도 긴 것이 사람을 상대하는 상업적 재능이 뛰어나 보입니다.

⑥ 직감선...깊고 선명한 직감선

환경의 변화에 상당히 민감하고 예지력과 같은 재능도 있으며 직감력이 우수해 눈치가 100단일 것입니다.

○ 종합

매사 열정적이며 목성구형 현실선과 인내선 노력선으로 보아 사람과의 대면이 헌신적일 것입니다. HSP 두뇌선의 혁신과 창의성이 독특하여 사람들에게 매력을 끌 것이며, 상업적 재능이 매우 발달한 듯 보입니다. 직감선의 강한 발달로 사람을 상대하는 일에 매우 우수한 사람입니다.

사례자 미용업

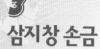

삼지창 손금

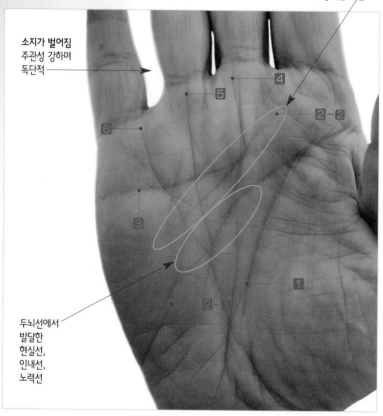

목성구 두뇌선
지배욕이 강하며
두뇌가 명석한 사람

소지가 벌어짐
주관성 강하며
독단적

두뇌선에서
발달한
현실선,
인내선,
노력선

1 생명선 ...깊고 선명하고 굵으면서 아래 현실선과 만나는 확장형 생명선

다른 선과는 다르게 생명선이 굵으면 에너지가 넘치는 것으로 봅니다. 생명선이 깊고 끊기지 않아 활동성이 강하며 활력이 넘치는 사람입니다.

2 두뇌선...**2-1** 월구로 향하는 두뇌선과 **2-2** 목성구에서 제2 화성구로 발달한 두뇌선

오른손에 이중 두뇌선으로 박식하고 지식이 많으며, 목성구에서 발달하여 지배욕·향상심·활동성·명예·신뢰성을 중시하는 사람입니다. 또한 제2화성구의 인내심·자제력·침착성과 월구의 유연한 사고로 감각기관이 잘 발달한 사람입니다.

3 감정선...굵고 진하며 기준선을 살짝 넘는 직선의 감정선

굵고 진한 감정선은 마음 씀씀이가 크지만, 아니다 싶으면 단방에 끊어버리는 냉철한 사람입니다.

4 현실선...두뇌선 아래에서 발달하는 선과 두뇌선에서 발달하는 현실선

두뇌선 아래서 발달하면 책임감·성실함·안정성을 보여주며, 두뇌선에서 발달하면 환경에 개입되지 않은 자신만의 것을 나타냅니다.

5 인내선...깊고 예리하게 두뇌선에서 발달해 약지까지 뻗은 인내선

자제력과 인내심이 대단한 사람이며, 자신의 생각과 행동 판단으로 명예와 부가 따르지 않을까 합니다.

6 노력선...두뇌선에서 재산선으로 발달한 노력선

자신의 끈기와 노력으로 성공을 거둔 노력가의 표상입니다.

◑ 종합

오른손 이중두뇌선은 매우 이성적이고 현실적이며 박식하고, 두뇌선에서 발달한 세로 3대 선은 삼지창 손금이라 합니다. 독보적인 성격과 타협없는 자신만의 사고로 인생을 극복합니다. 굵고 진한 감정선은 마음 씀씀이는 크지만 냉철하며 자신만의 인생관이 대단합니다.

사례자 교포 무공훈장 수여자이며 이것 저것 개인사업과 부동산 투기로 1천 억 이상의 자산가

4
7세 여아의 결핍 손금

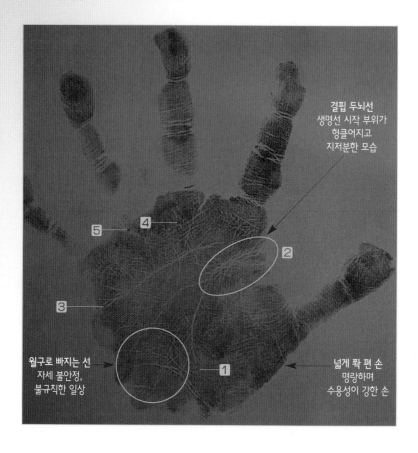

결핍 두뇌선
생명선 시작 부위가
헝클어지고
지저분한 모습

⑤ ④ ② ③ ①

월구로 빠지는 선
자세 불안정,
불규칙한 일상

넓게 쫙 편 손
명랑하며
수용성이 강한 손

1 생명선...중지의 기준선까지 끊김 없이 발달한 생명선

생명선이 끊김이 없고 원형이 반듯하면 삶의 굴곡이 크게 없으며

손이 쫙 벌어져 밝고 명랑함을 나타냅니다.

2 결핍 두뇌선...생명선의 중간에서 발달한 두뇌선

생명선에서 늦게 발달할 경우 제재, 억제 병증 등으로 인해 독립이 늦어지거나 두려움 또는 지나친 의존성을 나타내게 됩니다.

3 감정선...아래로 하향하려는 감정선

보통 아이의 손금에서는 하향하는 감정선을 보기가 어렵습니다. 아이의 감정선이 하향하는 모습은 내면의 감정이 침체되어 있음을 나타냅니다.

4 자수성가 현실선...생명선 중간에서 발달한 구불구불한 선

현실선이 생명선에 붙어서 발달하면 어려서 환경의 억제, 억압, 불우한 환경으로 온전치 못하며, 구불구불한 모습은 스스로의 삶이 뜻대로 되지 않고 우여곡절을 많이 겪는 모습을 암시합니다.

5 열정선...강하게 발달되어 있는 열정선

아이의 손인데도 불구하고 열정선이 강하게 발달한 것은 예민한 성격에 감정 기복이 심함을 나타냅니다. 성인이 되어서는 감정적 사고가 강해져 자제력을 잃고 기분 내키는 대로 행동하는 사람이 될 수 있습니다.

◆ 종합

구불구불한 자수성가형 현실선에 결핍 두뇌선과 열정선의 발달, 그리고 하향하려는 감정선으로 보아 자신의 뜻대로 되는 것이 없는 답답함을 보입니다.

손을 쫙 편 것은 수용성이 강한 명랑한 아이인데 손금의 형태가 왜 이러한 모습을 하고 있는지, 혹시 부모가 매우 통제적이거나 억압적으로 대하고 있지는 않는가 하는 생각이 들게 합니다.

100억 자산 사장님 1 _ 원추형의 손

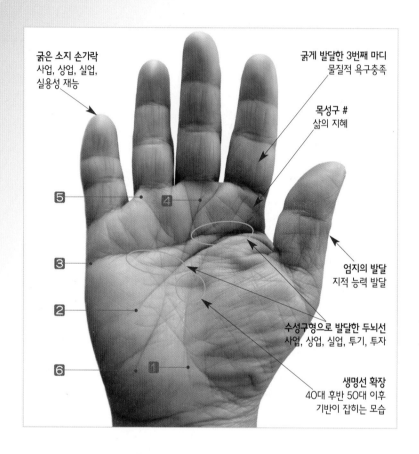

굵은 소지 손가락
사업, 상업, 실업,
실용성 재능

굵게 발달한 3번째 마디
물질적 욕구충족

목성구 #
삶의 지혜

엄지의 발달
지적 능력 발달

수성구형으로 발달한 두뇌선
사업, 상업, 실업, 투기, 투자

생명선 확장
40대 후반 50대 이후
기반이 잡히는 모습

1 **생명선**...깊고 예리하지만 끊겨 있는 생명선

40대 후반까지는 삶의 변동과 변화와 우여곡절이 많은 모습이지만

그 후 기반이 탄탄하게 잡혀 가는 모습입니다.

2 **두뇌선**...월구 상단으로 발달한 선과 소지로 향하는 지선들

제2화성구의 재능과 월구의 재능을 겸비하여 말을 논리적으로 잘 합니다. 소지로 향하는 지선들은 상업과 물질의 이치를 잘 깨달은 사람일 것입니다.

③ 감정선...끊김없이 깊고 예리하게 검지까지 뻗은 감정선

애정, 동정심, 배려심, 감정 등 타인을 받아들이는 성향이 강합니다.

④ 현실선...두뇌선에서 굵고 진하게 발달하였으며 끝이 3지창으로 갈라진 선

현실선이 두뇌선에서 발달하면 아이디어, 창의성, 독특한 사고 등으로 인생을 개척하는 사람이며, 끝이 세 방향으로 나뉘는 것은 목성, 토성, 태양구의 성향을 고루 갖춘 사람입니다.

⑤ 인내선...소지와 약지 사이로 발달한 인내선

매우 차분하며 극단적이지 않습니다. 무엇을 하더라도 공과 사의 구분이 명확하며 실용주의로 상업적 재능을 나타냅니다.

⑥ 인내선...월구에서 발달하여 약지로 향하는 선

월구의 재능은 사고, 창의, 상상, 예술 등을 나타내지만 손금의 형태로 봐서는 실용성이 강하기 때문에 공상은 하지 않는 사람으로 보이며 사교성과 말재주가 타고난 사람으로 보입니다.

◐ 종합

예리한 두뇌선은 판단력이나 의지력이 우수하며 수성구형 지선과 수성구형 인내선, 검지의 마디와 소지 발달로 매우 현실적이며 물질적인 이해가 확실한 사람일 듯합니다. 엄지가 잘 발달되어 사고가 분명한 지성을 갖추고 인정이 많지만, 고집이 상당히 강한 사람일 것입니다.

사례자 분양대행사 대표

100억 자산 사장님2_방형의 손

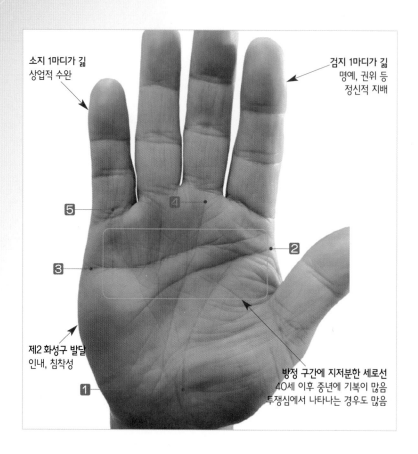

소지 1마디가 김
상업적 수완

검지 1마디가 김
명예, 권위 등
정신적 지배

⑤

④

②

③

제2 화성구 발달
인내, 침착성

①

방정 구간에 지저분한 세로선
40세 이후 중년에 기복이 많음
투쟁심에서 나타나는 경우도 많음

1 **생명선**...중지의 기준선을 넘어가지 않고 깊으며 끊김이 없는 생명선

방형의 손에 반경이 기준선까지 미치는 생명선은 매우 이상적입

니다. 무모한 행동을 막아주는 역할을 하며, 끊김이 없는 모습 또

한 안정적인 사람입니다.

2 두뇌선...강하며 깊고 끝이 예리한 월구 상단형의 두뇌선

손금의 기세 중 가장 강합니다. 결단, 판단, 추진력 등 의지력이 대단하며 이런 경우에는 불행한 일이 닥치더라도 거뜬히 이겨낼 것입니다.

3 감정선...목성구를 지나 횡단하는 듯한 선에 상향하는 지선

직선의 감정선은 직선적이며 독불장군이라고 할 수 있습니다. 나뿐이다 할 정도로 정주행인 감정선이지만 살짝 위로 올라간 지선이 나름 부드러워지기 위해 노력하는 사람으로 보입니다.

4 현실선...중지로 강하게 발달한 현실선

책임감과 성실함, 건실하고 진취적인 방형의 손입니다. 남성의 손인데, 이렇게 강하게 발달한 현실선은 매우 이상적이며 안정적인 사람입니다.

5 수성선...수성의 언덕에 3~5가닥 강하게 나란히 있는 선

인생관, 사람 탐구, 관찰력이 뛰어난 사람이며, 사람을 보살피거나 치료하거나 상담 등에 관심이 많은 사람입니다.

○ 종합

삶의 안정은 나의 것! 무모함과는 거리가 멀고, 정신적 지배욕이 강하며, 감정선의 기세를 보아도 장군형에 가깝습니다.

방형의 손에 두뇌선이 상당히 강하여 의사결정이 명확하고 현명할 것입니다.

소지손가락의 제1마디가 길고 수성선의 모습으로 보아 사람 다루는 능력과 수완이 싱딩한 사람입니다.

사례자 전직 경호 보안 책임. 정년퇴직 후 부동산과 장사로 가게에는 손님이 끊이지 않음

100억 자산 사장님3 _ 원시형+원추형

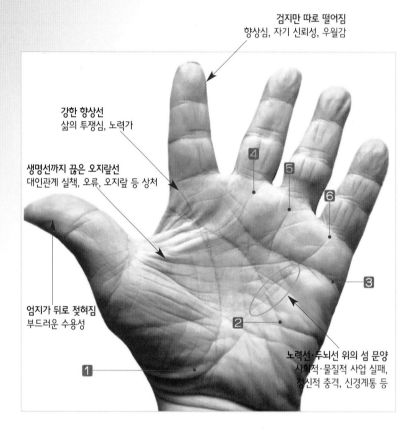

검지만 따로 떨어짐
향상심, 자기 신뢰성, 우월감

강한 향상선
삶의 투쟁심, 노력가

생명선까지 끊은 오지랖선
대인관계 실책, 오류, 오지랖 등 상처

엄지가 뒤로 젖혀짐
부드러운 수용성

노력선·두뇌선 위의 섬 문양
사회적·물질적 사업 실패,
정신적 충격, 신경계통 등

1 생명선...중지 기준을 넘어선 강하고 깊은 생명선

활력이 넘치고 매사에 열정적인 사람이지만 손의 모양이 원시형

기질이 있어 무대포 정신이 강할 수 있습니다.

2 두뇌선...월구로 향하는 두뇌선과 제2 화성구로 향하는 지선

원시형 손에 제2 화성구 두뇌선이나 수성구형 두뇌선이 발달하면 매우 물질적이며 욕망이 커서 주위 시선을 거들떠보지 않습니다. 하지만 월구형으로 발달하여 합리적인 융통성이 있으며, 제2 화성구의 지선이 침착하며 인내심이 강한 사람임을 나타냅니다.

3 감정선...중지와 검지의 기준선까지 발달한 곡선형 감정선

부드럽지만 공과 사가 명확한 사람입니다.

4 현실선...구불구불한 현실선

현실선이 구불구불하면 파란이 많습니다.

5 인내선...오지랖선에 크게 잘려 있는 인내선

가까운 사람과의 문제나 갈등, 파산, 인내심, 자제력 단절, 금전 손실을 등을 나타냅니다. 40대 중년 나이에 보증을 잘못 서서 모든 재산을 날렸다고 합니다.

6 노력선...강하게 발달한 노력선이 두뇌선을 타고 섬 문양을 함

노력선이 강하면 삶의 끈기, 노력가의 표상입니다. 하지만 두뇌선을 타고 있는 섬 문양은 사회적인 충격, 손실, 낭패를 의미하는데 인내선의 오지랖에 막힌 시기와 같습니다.

➡ 종합

원시형 손에 중지가 원추형으로 저돌적이면서도 자아상이 깊은 사람입니다. 오지랖선이 강하게 발달하고 엄지가 뒤로 젖혀진 것이 타인을 잘 받아들이는 성향인 듯합니다. 손의 기세가 에너지가 넘쳐 물불을 안 가리고 도와주니 낭패보기 쉬우니 늘 경계하고 조심해야 합니다.

사례자 대마도 여행 사업 경영

8 불행한 노년1 _방형+주걱형

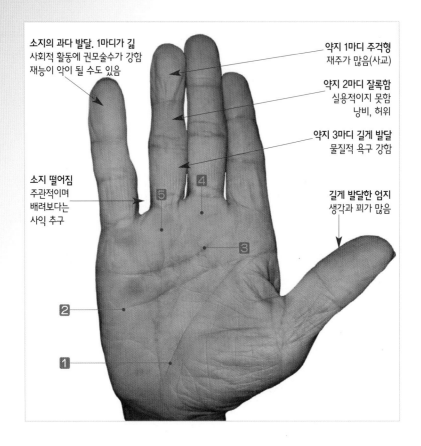

소지의 과다 발달. 1마디가 깊
사회적 활동에 권모술수가 강함
재능이 악이 될 수도 있음

약지 1마디 주걱형
재주가 많음(사교)

약지 2마디 잘록함
실용적이지 못함
낭비, 허위

약지 3마디 길게 발달
물질적 욕구 강함

소지 떨어짐
주관적이며
배려보다는
사익 추구

길게 발달한 엄지
생각과 꾀가 많음

1 생명선...중지 기준을 넘어 강하게 발달한 생명선

활력이 넘치며 사고가 비범함을 나타냅니다.

2 두뇌선...길고 깊게 잘 발달한 제2 화성구형 두뇌선

논리적이며 집중력과 의지력이 뛰어난 사람입니다.

3 **감정선**...부드러운 상향 곡선의 감정선

밝은 성격에 부드러움과 사교성이 있지만 공과 사가 분명합니다.

4 **현실선**...두뇌선 아래에서 덧칠되며 사라지고 없는 현실선

현실에 의욕을 상실하고 책임감과 진취성을 느낄 수 없습니다.

5 **인내선**...현실선과 노력선이 없는 상태로 강하게 발달한 인내선

인내선만 강하게 발달할 경우 물질적·정신적인 욕심과 허위 등이

강하게 나타나게 됩니다.

○ **종합**

손은 방형과 주걱형의 혼합으로 현실적이고 물질욕이 강하며, 두뇌선이 제2 화성구로
발달하여 매우 이성적인 사람이지만 다소 냉정하지 않을까 생각합니다.

현실적이며 물질적인 욕구가 강한데 생명선이 활기차니 활동성이 강하고, 인내선이 강
하게 발달하여 이루고 싶은 목표가 있다면 전력질주하여 반드시 이루는 타입입니다.

하지만 자신의 독단성과 자만심으로 노년으로 접어들면서 어려움을 겪는 모습이 아
닌가 싶습니다. 검지도 중지 뒤로 가려진 모습이니 개척심과 향상심은 찾아볼 수 없
는 모양세입니다. 젊은 날 자신의 능력을 너무 믿어서 일까요? 노년의 고달픔이 그대
로 나타나 있습니다.

사례자 81세, 기초생활 수급자

불행한 노년 2_방형

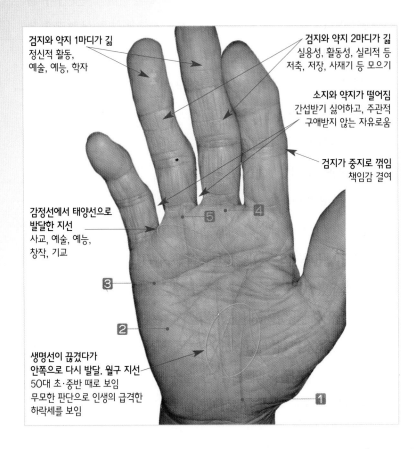

검지와 약지 1마디가 긺
정신적 활동,
예술, 예능, 학자

검지와 약지 2마디가 긺
실용성, 활동성, 실리적 등
저축, 저장, 사재기 등 모으기

소지와 약지가 떨어짐
간섭받기 싫어하고, 주관적
구애받지 않는 자유로움

검지가 중지로 꺾임
책임감 결여

감정선에서 태양선으로
발달한 지선
사교, 예술, 예능,
창작, 기교

생명선이 끊겼다가
안쪽으로 다시 발달. 월구 지선
50대 초·중반 때로 보임
무모한 판단으로 인생의 급격한
하락세를 보임

1 **생명선**...강하게 발달하다가 월구 지선과 함께 끊어져 안쪽으로 다시 발달한

생명선

무모한 행위로 좋지 않은 결과를 야기합니다.

2 **두뇌선**...굵고 강하고 진하게 제2 화성구로 발달한 두뇌선

손이 방형인데 제2화성구의 두뇌선이 너무 강하면 현실적, 행동적, 물질적인 사고에서 벗어나기 어렵습니다.

❸ 감정선...직선으로 횡단하는 듯한 감정선

두뇌선과 마주 보듯이 서로 직선을 그리게 되면 매우 직선적이며 날카롭고 매섭습니다. 말을 돌려서 하지 못하며, 좋고 싫음이 분명한 진실된 사람입니다.

❹ 현실선...강하게 발달하던 선이 두뇌선에서 끊어졌다가 토성구에서 다시 약하게 발달한 현실선

나이 40세에 접어들면서 인생관이 바뀌었던지, 사회활동을 접었던지 등 환경의 변화를 의미합니다.

❺ 인내선...현실선에 붙어서 강하게 발달한 인내선

자신의 재능으로 주최자가 되어 성공할 수 있는 사람입니다. 감정선의 지선이 태양구로 발달되어 있는 것으로 보아 대중의 인기를 얻으며 살아야 하는 모습입니다.

○ 종합

중지와 약지의 마디 발달, 감정선의 태양구 지선으로 보아 대중의 인기를 먹고 사는 직업을 가져야 합니다.

하지만 방형의 손과 손금의 선들이 매우 이성적이며 현실적으로 강하게 발달하고, 인내선까지 물질적 욕구가 매우 강한 사람으로 이상의 꿈을 포기한 사람이 아닐까 합니다. 활발한 성격에 의지도 강하여 목표의식만 잘 세웠더라면 명예를 얻지 않았을까 생각합니다.

사례자 70대 후반의 기초생활 수급자

지금까지 여러 사례자의 손을 보면서 감사한 마음이 가득 차오르는 것을 느꼈습니다.

성공한 사람들의 손은 대개 원추형·원시형·방형이며, 두뇌선은 유연한 곡선을 그리고 있습니다.

반대로 **기초생활 수급자들은** 방형과 직선형의 두뇌선을 가졌고, 노년기에 불행한 삶을 맞이한 사람들은 물질적인 망상에서 벗어나지 못한 모습이었습니다.

◑ **방형의 손과 직선형의 두뇌선을 가진 사람들은** 지극히 현실적이며, 육체노동이 편하다고 생각하는 경향이 많아 몸을 쓰지 못하는 나이가 되면 고달파지게 되는 것이 아닌가 합니다.

목표의식이 뚜렷하게 정립되지 않는다면 방형의 손과 직선형의 두뇌선은 노년에 고달픈 삶이 전개될 확률이 높습니다

◑ **물질적인 손에 직선형의 두뇌선을 가진 사람이라면** 젊은 날에 그 누구보다도 성공과 명예를 누릴 수 있을 것입니다.

그렇지만 그 현실은 노년을 위한 것이 아니라는 사실을 꼭 인지하시고, 뚜렷한 장기적인 목표를 가지고 살아간다면 반드시 부와 명예가 따를 것입니다

정신형의 손도 마찬가지입니다.

◐ **정신형의 손에 하향하는 두뇌선이 특히 월구 하단까지 발달했다면 공상만을 꿈꾸며 희로애락만을 추구하다가 인생을 마감할 수 있다는 사실을 명심하여야 합니다.**

제 9 장

필자의 손(오른손)_2007년 30세

◐ 원추형의 손

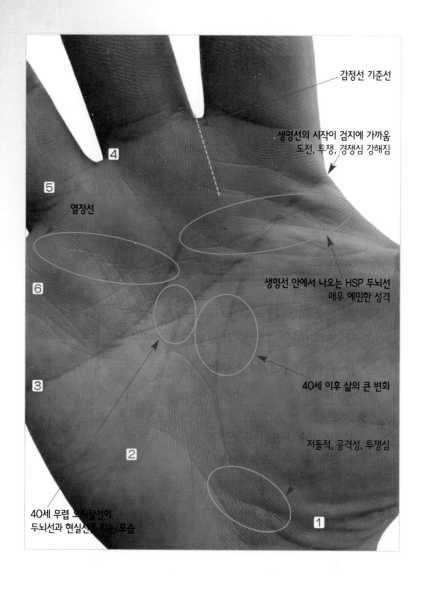

감정선 기준선

생명선의 시작이 검지에 가까움
도전, 투쟁, 경쟁심 강해짐

열정선

생명선 안에서 나오는 HSP 두뇌선
매우 예민한 성격

40세 이후 삶의 큰 변화

저돌적, 공격성, 투쟁심

40세 무렵 오지랑선이
두뇌선과 현실선을 치는 모습

1 생명선...깊고 진하지만 많이 끊기고 잘리며 중지 기준선을 넘음

40세 이전에 장애선이 강하게 나타나 있으면 삶의 수난이 많고, 소화기 위장 기능이 좋지 않으며, 스트레스성 위장병이 많습니다. 기준을 넘는 생명선이면 투쟁심, 패기, 열정이 강하게 나타나며 다소 무모할 수도 있습니다.

2 두뇌선...생명선과 늦게 분리되며 끝은 흐려져 선명하지 않고 끊어짐

생명선과 늦게 분리되면 결핍, 정신적 장애, 의존성 등을 나타냅니다. 끝으로 갈수록 흐려지고 끊겨 있는 모습은 사고가 올바르지 않으며 오판과 사리 분별력이 떨어지고 의지력이 약함을 보여줍니다.

3 감정선...위로 향하는 곡선에 중지 가운데에서 멈춤

감정선이 위로 곡선을 그리면 명랑하고 상냥하지만, 중지의 중간 기준선을 미치지 못하면 자신을 사랑하는 마음이 부족하거나 사랑이 필요한 사람입니다. 개인적이고 이기적인 사고가 강하고, 특이한 것은 사람에 대한 동경이나 스킨십 등에 관심이 많은 듯합니다.

4 현실선...생명선에 붙어서 나오며 선명하지 않고 끊어짐

자수성가형 현실선으로 불우하거나 억제와 통제된 삶을 말하며, 끊겨 있고 선명하지 않은 것은 책임감, 진취성, 성실성이 떨어지는 모습입니다.

5 인내선...현실선에 붙어서 나오며 열정선에 잘려서 뻗지 못함

현실선에 붙어서 나오면 자신의 직업이나 사업이 특정한 분야임을 나타내며, 흐리고 끊어지며 열정선에 의해 뻗지 못하면 인내심과 자제력 등이 부족하고 감정적인 사람입니다.

6 수성선...여러 가닥의 긴 선

노력선과는 다른 수성선입니다. 수성의 언덕에 3가닥 이상의 긴 선이 나타나면 사람에게 관심이 많고, 인체의 신비에 관심이 많은 사람임을 의미합니다.

○ 종합

생명선이 검지와 가깝게 시작하면 향상심이 강하고 노력형이기는 하지만 공격적이고 사나움을 보이기도 합니다.

생명선과 두뇌선이 끊어지고 흐려지면 삶의 기복이 심하고 사리 분별력이 떨어집니다.

감정선이 부드럽지만 개인적인 성향이며 전체적 성격이 투쟁심, 도전정신, 향상심 등이 강하고 예민하며 신경질적인 성향으로 감정을 쉽게 이겨내지 못하고 화가 많은 타입입니다.

필자의 손(오른손)_2020년 42세

원추형의 손

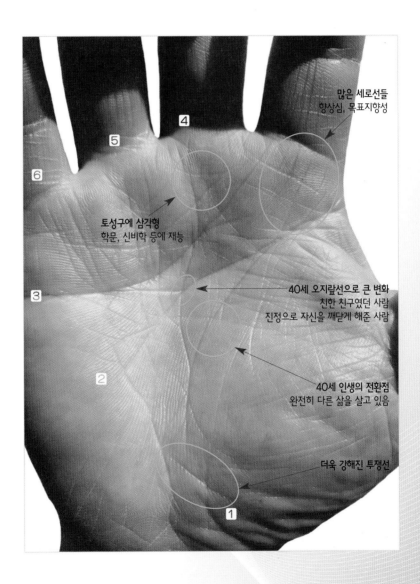

많은 세로선들
향상심, 목표지향성

토성구에 삼각형
학문, 신비학 등에 재능

40세 오지람선으로 큰 변화
친한 친구였던 사람
진정으로 자신을 깨닫게 해준 사람

40세 인생의 전환점
완전히 다른 삶을 살고 있음

더욱 강해진 투쟁선

1 생명선 ...40세쯤 끊고 지나가는 장애선 밖으로 연결됨

40세에 건설업을 하다가 완전히 접고, 현재는 상담과 유튜버 등 강사로 활동하고 있습니다.

2 두뇌선 ...깊고 예리하며 끝은 강한 2가닥의 지선인데 끝이 넓음

월구로 향하는 두뇌선과 제2화성구로 향하는 지선은 유연한 사고와 의지력은 있지만 사고의 반사신경이 우둔함을 나타냅니다.

3 감정선 ...깊고 선명하게 끊김 없이 검지까지 발달한 강한 지선

기준에 미치지 못하던 감정선이 검지까지 발달하고, 지선이 발달하여 타인을 받아들이는 성향과 배려심, 이해심이 강해지며 사람을 존중하고 의리가 있는 모습입니다.

4 현실선 ...중지와 약지 사이로 발달함

자수성가형 현실선은 전문직이나 특수한 직업을 나타내며, 약지 쪽으로 기울면 태양구의 성향이 강해집니다. 육체 노동보다 정신 노동에 가까워지며 고급스러운 일 또는 편안하고 노년의 안락함 등을 추구하는 모습입니다.

5 인내선 ...현실선에 붙어 진하게 발달함

밝은 내면, 사교, 예술적 재능 등을 나타내며 현실선과 붙어 특수한 직업이나 자신만의 인생길을 구축합니다. 열정선을 치고 올라가는 경우 인내심, 자제력, 자기 만족감, 내면의 안정을 보여줍니다.

6 수성선 ...4가닥의 길고 진한 선

30세 때의 선보다 더욱 강해졌으며, 사람의 신비에 한층 더 관심을 갖는 모습입니다.

⊙ 종합

생명선이 검지와 가깝고 중지의 기준을 넘은 모습과 향상선의 발달은 자신의 목표달
성을 위한 투쟁심과 도전정신이 강함을 볼 수 있습니다.

두뇌선과 감정선의 강한 발달은 사고에 일관성을 보이며, 세로선들의 기세는 미래에
대한 갈망이 크게 나타나 꿈을 실현하기 위한 노력가의 모습이라고 볼 수 있습니다.
다만, 손의 전체가 벌어지고 감정선이 강하게 발달하여 우유부단하고, 두뇌선 끝의
폭이 넓어 우둔한 사고를 보일 수도 있습니다.

결핍 두뇌선과 HSP 두뇌선은 예민함, 과민성, 신경질적인 성격을 보이게 되는데 투
쟁선이 더욱 강해진 모습은 사나움을 그대로 나타내게 됩니다. 화를 삭히고 차분해지
는 연습을 많이 하고, 감정을 억누르는 노력을 많이 해야 합니다. 오지랖선마저 강해
나서기를 좋아하다 보니 뒤끝이 좋지 않을 수 있습니다.

제 9 장

13년이라는 짧지도 길지도 않은 경력이지만, 지금까지 필자가 느끼고 깨닫고 터득하며 나름대로 쌓아온 노하우를 독자분들에게 알리고 싶은 것이 필자의 마음입니다. 현재 코로나-19로 인해 300만 명 가량이 직장을 잃었다고 하지만 필자가 보기에는 코로나-19 문제만은 아닌 듯 합니다. 실직한 300만 명 중에서도 많은 분들이 새로운 도전으로 새로운 직업을 창출하고 있습니다.

- 1차 산업 _ 기계화 혁명   1800년대 ~
- 2차 산업 _ 대량생산 혁명 1900년 ~
- 3차 산업 _ 지식정보 혁명 1970년 ~
- 4차 산업 _ 인공지능 혁명 2017년 ~

보시다시피 시대의 변화가 점점 앞당겨지며 100년에서 50년, 25년, 이제는 10년 이내에 5차 산업의 물결이 다가올 수도 있다고 합니다. 시대에 따라 늘 새로운 직업의 개편이 일어나며 그때마다 엄청난 변화가 일어납니다. 따라서 5차 산업 시대에 융성할 직업을 빨리 찾아가는 사람만이 안락함을 누리게 될 것입니다.

인공지능의 급속한 변화로 육체 노동의 가치가 줄어들면서 요즘의 젊은이들은 힘든 일들은 기계가 하고 본인은 편하고 쉬운 일을 하고 싶어 합니다.

필자는 자기계발과 성공의 꿈을 품고 17세부터 성공한 사람들의 조인, 명인, 자서진 등을 접하며 살아왔습니다. 너무나도 성공하고 싶은 마음으로 20세 때 허벅지에 일본어로 세이고우(성공)라는 문신까지 새겼습니다. 그렇게 성공하고픈 갈망에 무수한 노력을 시도했지만 작심삼일이었고, 나이 40이 되도록 원점을 맴돌며 좌절에 좌절을 맛보았습니다. 그럴수록 자존감은 떨어지고 자존심만 강해지는 것 같았습니다.

그렇게 성공한 사람들과 잘 사는 사람들을 아무리 따라가려고 노력해도 되지 않고 좌절만을 삼키던 어느 날, 다른 사람들은 나와 다르다는 사실을 깨닫게 되었습니다. 그동안 '나를 잃고 살았다'는 생각과 함께 손금과 관상을 공부하면서 '자기계발이란 따라 하는 것이 아니라 스스로 자신을 계발해야 한다는 사실'을 절감하게 되었습니다. 즉, 자신의 재능과 장점을 찾아야 한다는 것입니다.

많은 자기계발서를 보면 그렇게 살면 성공 못한다는 둥 수많은 성공의 법칙들을 제시합니다. 그러나 그것은 선천적으로 그렇게 타고난 사람이기 때문에 가능한 것입니다. 예를 들어 물질형의 손을 가진 사람은 육체적인 노동 강도를 버티고 의지력 자체가 뛰어나 운동을 하더라도 끈기를 가지고 해내지만, 가만히 앉아 글을 쓰거나 그림을 그리거나 세무 업무를 보라면 참지 못하고 자리를 박차고 뛰쳐나올 것입니다. 반대로 정신형의 손을 가진 사람은 글쓰기, 그림 그리기, 예술적인 행위를 할 때 집중력이 고도로 올라가고 감성을 불어넣는 탁월함을 보이는 반면에 육체적 노동운동을 하게 되면 금방 지치고 중단하게 될 것입니다.

사람도 동물입니다. 집단 체제를 이루고 있는 동물은 자신만의 고유한 일이 설정되어 있는 듯 자기가 맡은 일만을 합니다. 곤충 중에도 꿀벌과 개미를 보면 태어나면서부터 자신이 맡은 일만 합니다. 일개미는 집만 짓고, 병정개미는 집을 지키며, 숫개미는 죽기 전까지 놀고먹다가 마지막에 한 번의 소임을 다하고 죽습니다.

사람도 얼굴 생김새, 손 모양, 손금을 보게 되면 각자 자신만이 가진 재능이 분명히 있다는 것입니다. 사람의 특징은 생각하고 판단을 하는 인지능력이 있는지라, 무슨 행위를 하게 될 때 상대방을 의식하기 때문에 하기 싫어도 눈치를 보며 따라 하게 됩니다. 그러나 상대방이 즐거워하고 기뻐하는지, 어떠한 행동을 할 때 내가 살아남는지 등에 휘둘리지 말고, 앞으로는 이러한 눈치를 볼 필요없이 자신의 재능을 찾아 개발하는 것이 중요합니다.

정말 특이한 것은 현재 코미디언이란 직업이 유명무실해졌다는 사실입니다. 이유가 뭘까요? 우리가 함께 생각해봐야 할 핵심적인 사안이 아닐까 합니다.

모든 사람은 자신만의 고유한 재능과 함께 장점과 단점이 다 있습니다. 그것을 알고 보완하고 개발하는 과정에 수상은 최고의 자기계발서가 되리라고 확신하며 감히 독자분들에게 강력히 추천합니다.

나를 극복하는 순간 징기스칸이 되었다 _징기스칸

독자 여러분의 앞날을 응원드리며, 끝까지 읽어주신 독자 여러분께 감사드립니다.

이 상 봉 올림

손금으로 보는 자기계발書

1판 1쇄 인쇄 | 2022년 04월 05일
1판 1쇄 발행 | 2022년 04월 15일

지은이 | 이상봉
감 수 | 이민열
펴낸이 | 문해성
펴낸곳 | 상원문화사
주소 | 서울시 은평구 증산로 15길 36(신사동) (03448)
전화 | 02)354-8646 · 팩시밀리 | 02)384-8644
이메일 | mjs1044@naver.com
출판등록 | 1996년 7월 2일 제8-190호

책임편집 | 김영철
표지 및 본문디자인 | 개미집

ISBN 979-11-85179-36-0 (03180)